成为批量签单
高手的3个秘诀

成交力

贺嘉 著

中国友谊出版公司

图书在版编目（CIP）数据

成交力 /贺嘉著. —北京：中国友谊出版公司，
2021.1

ISBN 978-7-5057-5108-8

Ⅰ.①成… Ⅱ.①贺… Ⅲ.①销售－方法－通俗读物
Ⅳ.①F713.3-49

中国版本图书馆CIP数据核字（2021）第015027号

书名	成交力
作者	贺　嘉
出版	中国友谊出版公司
发行	中国友谊出版公司
经销	新华书店
印刷	河北鹏润印刷有限公司
规格	700×980毫米　16开
	14.5印张　161千字
版次	2021年4月第1版
印次	2021年4月第1次印刷
书号	ISBN 978-7-5057-5108-8
定价	55.00元
地址	北京市朝阳区西坝河南里17号楼
邮编	100028
电话	（010）64678009

如发现图书质量问题，可联系调换。质量投诉电话：010-82069336

目录

序：销售的最高境界是什么？_01

1
成交思维

成交心态：如何突破6种常见的成交卡点？_002

你有持续性的努力和赚钱欲望吗？_010

从消费者心理出发，洞察客户的4种心理需求_014

和阿里巴巴学习如何培养金牌销售 _021

你是如何变得很会赚钱的？_027

不知道和比你更厉害的人聊什么，怎么办？_032

月薪10万元的销售员不会告诉你的秘密_037

2
引流：找舞台

10种线上精准引流方法_044

如何快速获得别人的信任？_055

如何通过写一篇文章引流10000多人关注？_060

普通人如何抓住短视频红利？_066

如何快速获得100万人的信任？_076

如何深度链接100个群主？_082

普通人如何打造个人品牌？_086

3
成交：立信任

成交过程中，感觉抓不到客户的点怎么办？_094

如何提升一对一咨询帮别人解决问题的能力？_101

销售最厉害的招数都有哪些？_106

如何通过线上成交10万元级的大客户？_112

4种方式，快速建立和客户的信任_116

4个步骤，让你快速成交高单价客户_121

如何用3句话搞定BAT级大客户？_127

5类常见的成交异议处理_133

用3句话搞定那些说"我考虑一下"的客户_139

引流来的客户如何二次积累信任？_144

如何做好成交复盘，越卖越多？_149

4
转介绍：建链接

如何有效激发客户的转介绍？ _156

存量客户如何二次激活？ _160

和客户聊天，有哪些话题百试不爽？ _167

如何运营20个核心的转介绍客户？ _173

5
批量成交

如何成为批量成交的高手？ _180

让客户买单的6种策略_186

让潜在客户不再犹豫，如何构建成交场域？ _192

什么样的人适合做销售？ _197

如何做好一场增员演讲？ _202

真正优秀的人，都渴望什么激励？ _206

销售思维的4个层次_210

圈层经营：如何吸引1000多个铁杆客户？ _215

序
销售的最高境界是什么？

•

说到"销售"这个词，你脑海里的第一印象是什么？是房产中介、保险经纪人，还是电话销售？

随着时代的发展，传统的销售方法和销售体系逐渐暴露出一些问题：

1.传统的关于销售的书籍和方法论大多是经验分享，科学体系不完整。

2.以市场营销为代表的消费者行为学的书籍过于学术，缺少实战经验。

3.销售人员素质偏低，带来过程中的不实消息。

4.销售方法以线下一对一为主，没有考虑线上部分。

5.销售环节和产品设计环节割裂，销售人员在产品设计环节没有话语权。

6.过于强调陌生拜访，没有考虑到信任关系的问题。

造成这些问题的原因，**一方面是市面上的销售培训体系比较落后，另一方面是销售体系的重要性依然较高。**

那么，这些问题有没有好的解决方案呢？

其实，相比卖产品，更高级的是卖解决方案。

近几十年，有一类销售比较有潜力，比如IBM公司IT系统的销售人员，动辄就是签几千万或上亿元的订单，销售人员实现年薪百万的目标好像也不是特别难。

我大学是学计算机的，毕业实习那会儿在亚信做研发。亚信是给电信运营商做集成系统的一家公司，我现在都记得当时公司有一个销售员，他刚到公司的时候骑的是自行车，3年以后就开上了宝马。

想要做IT系统的销售，其实对能力的要求还是挺高的。简单来说，这个类型的销售拼的是解决方案式的销售能力。你最起码得是本科学历，而且要懂一定的IT技术的细节，同时还要善于维护客户关系。**除此之外，IT系统的销售还需要准确把握客户需求。**

• •

不要卖产品，要卖你的理念。

我最近读到一段话，很有感触。投资大佬苏世民在《苏世民：我的经验与教训》中说："你对事物存在信念，但并不能保证其他人也那样。你必须一遍又一遍地推销你的愿景。如果你推销的东西对方拒绝，你应该假设他们还没有完全理解，所以你要再给他们一次机会。"

大佬都这么拼地去推广自己的理念，我们有什么理由不努力？

其实，推广自己的理念，而不是推广产品，有一个好处：当客户已经认可了你的理念，你再推广自己的产品时，对方会先入为主地产生信任。

举个例子，很多找我做CEO演讲培训的总监，他们因为之前经常看我的公众号文章或者视频，对我有了基本的信任，我们才可以更快地促进成交。

马化腾曾提出"互联网+"，马云曾提出"让天下没有难做的生意"，**很多行业大佬都是推广理念的高手。**

・・・

和个人成交能力相比，更重要的是搭建一套批量成交的体系。

说出来你可能不信，我的"成交团队"最开始只有两个人，我之前是程序员，另一个人之前也没有经验。但是，我们从零开始搭建了一套月收入过百万元的"成交体系"。

这套体系相对而言更科学、可复制、成体系，考虑到了线上与线下成交的配合。**如何搭建一套兼容线上与线下的批量成交体系呢？我总结了9个字的口诀：找舞台，立信任，建链接。**

成交的第一步：找舞台

首先，你要知道你的目标客户在哪里、是谁。其次，你要进到他们的圈子里面，或者说让他们看到你。

找舞台，其实就是引流。在引流环节，我会教你如何通过社群进行引流，如何通过输出自己的思考进行引流，如何通过线上分享进行引流，如何通过视频号进行引流。

成交的第二步：立信任

建立信任的最好的方法至少有4种：

第1种是输出有价值的内容，给客户提供价值。

第2种是准确地说出客户面临的问题，让他知道你懂他。

第3种是分享真实的客户改变的故事，让他知道你帮其他类似的客户解决过问题。

第4种是情感链接，发自内心地关心客户。

成交的基础是信任，一旦信任建立起来了，成交就是自然而然的事。

成交的第三步：建链接

建链接的核心逻辑是，在成交之后你要想运营客户的转介绍，还需要对客户投入一些额外的付出。

如果你和客户只是单纯的交易关系，交易完成之后你们就没关系了。客户不欠你的，自然也就不会帮你转介绍。

这部分内容我会教大家，如何阐述你的价值观，如何设计你的转介绍SOP（Standard Operating Procedure，标准作业程序），以及如何增强与客户的定期链接。这部分的详细内容，大家可以看一下附录。

小结

销售，就是要打破传统的思维模式，不能把公司的利益和客户的利益对立起来。

传统的销售方法已经越来越不适应当下这个互联网时代。可以预见的是，掌握批量成交体系的个人与公司，未来会拥有更强的核心竞争力。

很多人要么没有成交能力，要么有成交能力，但是缺乏体系。搭建一套批量成交的体系，从这9个字开始：**找舞台，立信任，建链接。**

1 成交思维

成交心态：如何突破6种常见的成交卡点？

●

程序员可以转行做销售吗？没有经验的同学可以转行做销售吗？律师可以转行做销售吗？

答案是：可以。

我在腾讯工作的时候，当时的一个金牌销售员，之前就是一名程序员。他做到金牌销售员有多厉害呢？他一个人一年可以做出8000万元的业绩，大概相当于8个普通销售员的业绩。

所以，**成交能力是可以后天习得的。**

我的成交团队也经历了这个过程。开始的时候，我们的成交能力有多差呢？我们策划了引流的线下沙龙，演讲完之后要向大家推荐线下演讲私房课。结果，我和团队成员只是摆了个收钱的二维码站在那里等着，完全意识不到要主动去跟客户聊，甚至就连最简单的"报名线下演讲私房课请添加微信×××"这样的话都不会说。

后来，经过一个创业学员的提醒，我们才意识到需要引导客户留下来进行咨询，然后才能达成一笔成交。

通过一次次的实战，加上总结自己的方法论和成交SOP，不断突破自己的成交卡点，现在，我们已经可以实现单月收入破百万元了。

那么，我来把我和我的学员遇到的成交卡点一一讲给你听，然后手把手地带你一起突破。

• •

那么，有哪些常见的成交卡点呢？

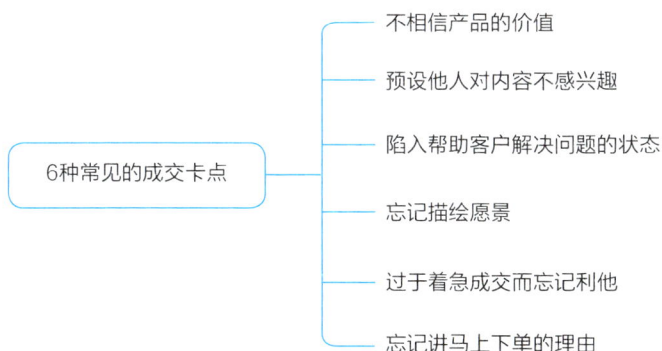

```
                              ── 不相信产品的价值

                              ── 预设他人对内容不感兴趣

                              ── 陷入帮助客户解决问题的状态
  6种常见的成交卡点 ──
                              ── 忘记描绘愿景

                              ── 过于着急成交而忘记利他

                              ── 忘记讲马上下单的理由
```

卡点一：不相信产品的价值

我们团队的运营负责人"牧羊人"，一开始负责演讲私房课的线上通知和线下安排。后来，我让他转岗去做成交的时候，他内心是很抗拒的。

他当时说："贺嘉老师，你的课不就只上两天吗？怎么课单价定这么高呢？能卖出去吗？"

这其实就是不相信课程能产生的价值。

然后，我在我的学员中发现这类现象很常见。销售人员不了解产品，没有体验过产品的价值，也没有体验过市面上的其他产品，就很难相信产品的价值。

如果你都不相信自己产品的价值，又怎么去影响客户呢？ 很明显，他们在成交的过程中会由于底气不足，导致成交失败。

卡点二：预设他人对内容不感兴趣

这个卡点和第一个卡点是相关的。

当你不相信自己产品的价值时，内心就会犹豫：别人对我的内容感不感兴趣呢？如果我被拒绝了怎么办？在心理学中有一个**自证预言效应**，就是说你先入为主做的判断，会影响你之后的行为。

当你预设了他人对你的内容不感兴趣之后，你就不愿意去介绍了。可是，如果你不介绍自己的产品，客户又怎么会购买呢？这么一来，你又反过来认为"客户果然对内容不感兴趣"。这不就进入一个恶性循环了吗？

其实出现这个情况的另一个原因也很明显，就是你不够了解客户——缺少和客户的交流，不知道客户对什么感兴趣，不了解客户的需求，自然就会有这方面的担心。

卡点三：陷入帮助客户解决问题的状态

一般来说，想要成交的话，就要先帮助客户解决问题。通过这个方式来构建基本的信任，然后督促客户下单。

但是，我的团队成员，包括我自己，之前在成交的过程就会出现这种情况：客户来咨询，就去帮客户解决问题，最后客户说"谢谢，我的问题都解决完了"。好了，这样解决完客户的问题之后，客户就流失了。

这在负责成交的新人身上也是最普遍的问题，原因很简单：担心自己没有办法给客户提供价值。

但实际情况是，你一直说不到点上，次数多了之后，客户一方面因为和你聊久了有疲倦感，另一方面他会不珍惜你的时间价值。

卡点四：忘记描绘愿景

很多时候，我们想要成交就会花很多时间介绍自己的产品。这就进入了一个误区：客户对你的产品可能完全不感兴趣，他们感兴趣的是自己的问题该如何解决。

这句话很残酷，但很现实。所以，我们与客户沟通的重点要放在描绘解决问题的美好愿景上。

卡点五：过于着急成交而忘了利他

成交是一个平衡状态。你既不能光解决问题，忘了成交，也不能不解决问题，只为了成交。重点就是，利他才能成交。

我见过一些销售人员，过于迫切地想要成交，对于客户的疑问置若罔闻。这个时候，他们的表现就像我们小时候听过的那个故事《我要的是葫芦》，但事实上，忽略客户的疑问给客户的体验自然不好，成交也就无从谈起。

成交人员要有目标感，但是不应该对成交有过强的目的性。如果你把自己的利益放在客户的利益之上，就肯定很难持续地保持成交量，更难产生收入。

卡点六：忘记讲马上下单的理由

如果你问："你觉得我们的产品怎么样？"

客户一定会说："我考虑一下。"

这个提问，就是没有给客户马上下单的理由。

我为什么会这么清楚这6种成交卡点呢？因为这6种成交卡点，我都经历过，后来都被我一一克服了。

其实，突破成交卡点的第一步，就是识别出自身有哪几种成交卡点。第二步才是在实战中解决它们。

• • •

怎样克服每个成交卡点呢？

第一个卡点是，不相信产品的价值。解决方案：领导者应该帮助团队构建见证客户改变的良性循环。

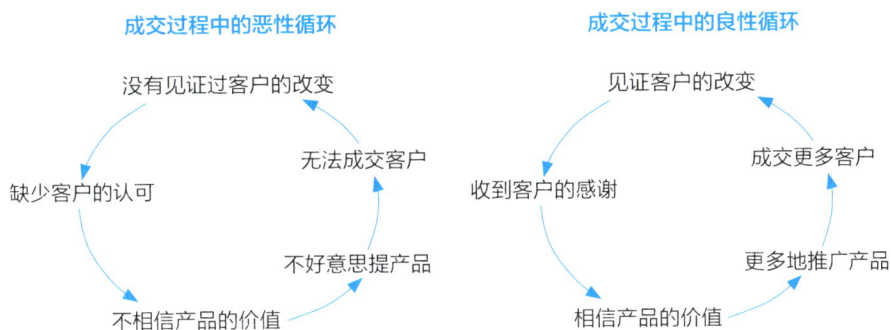

成交过程中的恶性循环

没有见证过客户的改变

无法成交客户

缺少客户的认可

不好意思提产品

不相信产品的价值

成交过程中的良性循环

见证客户的改变

成交更多客户

收到客户的感谢

更多地推广产品

相信产品的价值

作为领导者，其实你需要做的是帮助团队去感受客户的真实改变。这样，你的团队成员才会真正相信产品的价值。尤其是当他们自己参与了服务客户，收到了客户的感谢之后，会更有动力做好当下的工作。

如果成交人员是新人，还没有开始服务客户，你可以安排他们去观察身边同事收到了客户怎样的感谢，也能够在一定程度上提升他们成交的信心。

第二个卡点是，预设他人对内容不感兴趣。解决方案：多和客户进行日常交流，了解客户的痛点；同时多给自己一点积极的心理暗示，交流从安全的话题开始。

你之所以会预设他人对自己的内容不感兴趣，很有可能是因为你不了解对方想知道什么。

聊得多了，你就会知道。比如创业者关心的，一方面是流量、客户从哪里来，另一方面是如何提升管理团队的效率。再如全职妈妈关心的，一方面是和另一半的情感关系，另一方面是下一代的教育。

突破第二个卡点，我们要和潜在客户进行交流，可以从主动谈论比较安全的话题开始。比如你是保险代理人，你可以先从创业、医疗、子女教育、理财规划这些相对安全的话题开始聊，先建立信任，再聊下一步。

第三个卡点是，陷入帮助客户解决问题的状态。解决方案：摆正成交心态，认识自我价值，避免过度服务。

我们可以告诉自己：我们是帮客户解决问题的，顺带收点钱。

帮客户解决问题，有没有价值？确实有。因为我们需要通过帮助客户解决问题来获得客户信任。那么，能不能一直免费帮客户解决问题呢？当然不行，因为我们的时间是一种成本，是有价值的。

一般来说，对于非付费客户，在日常交流过程中最多帮对方解决一个问题。解决更多问题时，就要告诉对方，剩下的是付费服务。

第四个卡点是，忘记描绘愿景。解决方案：告诉自己，对于成交环节而言，描绘愿景很重要。

描绘愿景就是告诉客户，有了这个产品之后，生活会发生哪些变化。少了这个环节，你的收入可能会比预期减少50%，甚至更多。

第五个卡点是，过于着急成交而忘了利他。解决方案：还是告诉自

己，我们是帮客户解决问题的，顺带收点钱。

这句话，首先强调的是帮助客户解决问题，收钱是必要的，但更重要的是能够帮助客户解决问题。帮助客户解决了问题，你收钱时也会更理直气壮。

第六个卡点是，忘记讲马上下单的理由。解决方案：很多时候客户不下单，一方面是我们没有给他一个马上下单的理由，另一方面是客户心中的疑问没有得到解决。

客户会觉得现在下单和晚两天下单没有什么区别，一般来说，你可以通过"限时特价""限时买赠"等优惠给客户一个马上下单的理由。

限时特价。比如我的演讲私房课在平时是5800元，在线下沙龙活动当天12点之前是4800元。客户如果不当时付钱，他就要多付出1000元，这种损失厌恶的心理就是马上下单的理由之一。

限时买赠。比如，现在下单就会送你5本签名版《表达力》，仅限当日12点之前，这也是一种方式。

至于如何打消客户心里的疑问，我们可以主动引导客户，比如替客户说出其他客户曾经有过什么疑问，以及我们的回答。

只要客户有需求，又没有疑问了，就等着客户下单吧。

对于新人而言，有成交卡点其实不可怕，怕的是你一直不突破，被成交卡点限制住。当你突破了成交卡点时，离收入增长一倍就不远了。

你有持续性的努力和赚钱欲望吗？

●

我的学员里有一个北大的高才生，他在我的指导之下，花了不到两个月的时间知乎粉丝数量就破了1万。最近，他开了个线上训练营，月收入也超过了1万元。

但是，一直以来我很困惑的一点是：他是那种推一下才动一下的人，**明明已经取得了一些成绩，为什么不能够持续地努力做下去，实现更大的目标呢？**

最近，我跟很多年轻的朋友交流了一下，发现赚钱的欲望有一搭没一搭这个事还挺普遍的。有的同学跟我讲："想了一下，觉得目标实现的可能性不大，就不行动了。"还有的同学反馈的是："因为努力了一段时间想要歇一会儿，结果一下就休息过头了。"

赚钱的欲望都能有一搭没一搭的，这是病，真的得治。

我见过很多在各自领域里实现财富自由的人，他们靠的从来都不是这种间歇性努力，而是持续性投入。随着时间的积累，他们的优势也会越来越明显。

在行业top5%的人，有更大的机会赚走行业里50%的收入，你也能做到。

· ·

赚钱的欲望有一搭没一搭的外在体现就是执行力差。

我见过一个特别聪明的90后，他做事情完全凭自己的感觉。如果他觉得这件事不是他想做的，马上就放弃。

"感觉"有时候是靠不住的，完全靠感觉做事情的结果可想而知。 很多情绪的背后其实是与大脑分泌的各类化学激素有关，这些激素的分泌来得快去得也快。靠感觉驱动去做事，其实是一种不专业的体现，也不可持续。

比起感觉，我们更应该相信的是自己的信念。什么是信念呢？就是 你愿意为之付出10年以上时间的事业。**很多人有赚1亿元的野心，但是却没有坚持1周的耐心，更别提10年以上了。**

信念是可以激发我们做出更大成就的动力。对于我自己而言，我的信念就是帮助100万名高管去提升他们的个人影响力。

· · ·

我们如何提升自己增加收入的欲望呢？分享以下几个方法。

把收入目标具象化。

今年我带团队成员一起去看了房，他们确定了自己要买的房，就知道自己今年的收入目标应该定多少了。

对于一个为收入负责的团队而言，最好的状态不是你要他们赚钱，而是他们自己要赚钱。

对收入进行估算，就是估算每个业务要赚多少钱以及每个月要赚多少钱。

把收入的目标具体拆分到每个月，甚至每周。一个不够量化的目标是无法激励团队去实现的。不光是激励团队，激励个人也是一样。

很多时候，我们会觉得一个笼统的收入目标无法实现。比如，对于广告公司而言，如果你要实现900万元的营收目标，可以把收入拆分成广告、品牌策划和电商，这样每个业务只要实现300万元的收入就可以了。

拆分后的目标会变得更有可行性，也更容易激励团队去实现。

对于部分同学而言，需要设立金钱之上的成就目标。

我见过一些同学，他们对金钱不敏感。对于这些同学而言，我要告诉他们的是：**金钱代表的是一种认可，你能够收到钱代表别人认可你这个人，而你愿意为别人花钱代表别人有你认可的一种能力。**

我们可以鼓励他们通过赚钱去实现社会价值目标，比如，给公益事业捐100万元，或捐建一所希望小学。

实事求是，不想努力的时候就去看看自己的银行卡余额。

很多时候人都有侥幸心理，所以，就像以前有个段子讲的，"每天不想上班的时候，就去看看银行卡余额，我就愿意去上班了"。

休息也需要规划，保持自己成交的节奏。

在拼了一段时间去做成交之后，我们不可避免地会有疲劳感，这时，我们就需要休息一下。休息本身没有错，但是休息这件事也需要有所规划。比如，周末休息两天之后，周一就要要求自己调整回工作的状态，避免过长的休息让你丢掉了那种成交的状态和节奏。

小结

金钱的背后其实是价值——你愿意为别人花钱，代表别人有你认可的能力；别人愿意为你花钱，代表别人认可你的能力。

从消费者心理出发，洞察客户的4种心理需求

●

最近，在成交的过程中，我观察到了一类特别有意思的现象：有的客户付几万块钱就是10秒钟的事，确定了就刷卡；有的客户付99元，也得考虑1个小时。

不同的客户购买行为背后，其实有不同的购买决策行为。一方面涉及客户对于当下问题的识别，另一方面涉及客户购买决策的过程。

对于一个初级的销售人员而言，特别容易从金额出发去区分不同的客户。其实这样是不对的，因为同样是为了解决一个健康方面的问题，比如体检，有的人可以付500元，有的人却可以付5万元。

我的方法是按照客户的消费心理需求来区分。

一、消费是为了解决问题

客户会在什么时候想去购买呢？一般来说，是他遇到问题的时候。所谓的问题，就是他理想中的自我状态和现实中的自我状态不一致而引起的。

比如，客户肚子饿了，想吃烤肉，他就会有搜索餐饮商家的需求。

比如，家里冰箱的菜吃完了，他就会有去超市购物的需求。

二、消费是为了建立链接

有的时候，女性客户去购买一些课程或者参与社群，其实并不一定是为了解决自己的一些问题，而是纯粹希望获得一些同伴，让自己拥有一种归属感，来消除孤独感，同时建立更稳定的链接。

三、消费是为了社会性炫耀

大家会购买一些明星同款的化妆品、衣服等。原因之一是希望身边的人能够羡慕自己。

比如，去网红餐厅打卡，对于很多人而言，如果不拍照发朋友圈，这个餐厅就跟没去一样。

而且我有一个很有意思的发现，就是这种心理层面的动力，要比单纯的金钱更能刺激人的行为。

四、消费是为了抢占机会

我观察过这种消费心理的客户，特别是在我的企业家学员中非常明显。他们会为了一个可能的机会，而愿意付一大笔钱。

对于这些人而言，与其说是"消费"，不如说是"投资"。

比如，有一个创业者学员跟我讲过，如果是去学习一个企业管理或者流量经营的课程，他愿意付30万元去买一个可能性。

原因很简单，因为他现在的营业额一年有1亿元，稍微学到一点有用的东西，这30万元很容易就能赚回来。

只有先理解了客户这4种不同的心理需求，再结合后面要讲到的3种购买决策行为，**我们才能知道针对不同的客户，如何抓住他的深层心理需求，更快地实现成交。**

· ·

理解3种不同的客户购买决策行为：名义型、有限型、扩展型。

第一种叫作名义型决策。

比如家里没米了，冰箱里没有菜了，这种购买行为是一种名义型决策的行为。

在这种名义型决策行为中，购买金额不大，决策也不复杂，我们往往是基于习惯和偏好去购买。

第二种叫作有限型决策。

这种类型的决策是在有限定的情况下去搜集一些信息，基于我们对这个产品的态度做出判断。

低度购买介入		高度购买介入
名义型	有限型	扩展型
问题认知 选择性	问题认知 一般性	问题认知 一般性
搜集信息 有限的内部信息搜集	搜集信息 内部信息搜集 有限的外部信息搜集	搜集信息 内部信息搜集 外部信息搜集
	评价与选择 评价的属性少 简单决策规则 备选方案少	评价与选择 评价的属性多 复杂决策规则 备选方案多
购买	购买	购买
购后行为 无认知冲突 有限评价	购后行为 无认知冲突 有限评价	购后行为 有认知冲突 复杂评价

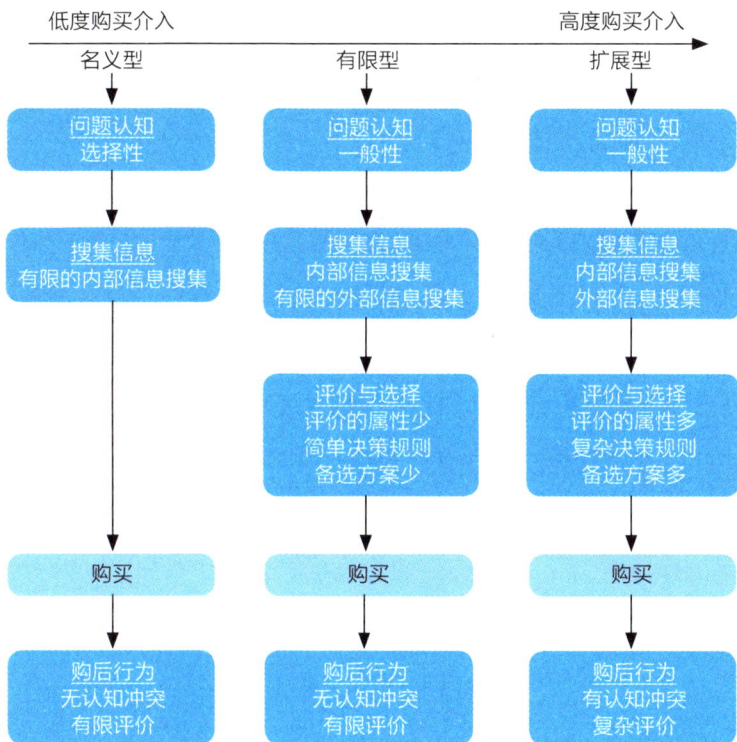

图片来源：《认识顾客》

你觉得这个产品能不能帮助到你？你喜不喜欢它带给你的感觉？这个时候购买决策相对较快。

比如，你在超市货架上看到三四个品牌的咖啡，你凭借的很重要的一点是印象中觉得"雀巢咖啡的口感会更好一些"，你不会再去搜集额外的信息，就不会太犹豫，而是直接购买。

再如，报名我的演讲课程，你判断我可以帮助你解决自身演讲领导力方面的问题，很喜欢我传递给你的那种感觉，你就会报名。

有限型决策，有时是基于情境需要产生的。比如，你之前一直是用某个品牌的洗发水，你不一定很讨厌，但是已经厌倦了，你就会想找一个新的品牌。这时，你的购买决策主要会涉及产品新奇度的评价。

第三种也是最复杂的一种，叫作扩展型决策。

我们要进行大量的内部信息搜索和外部信息搜索，并且对多种备选方案进行复杂的判断，同时给出一个明确的购后评价。

比如，你计划买一套房，这对你的人生决策影响肯定是很大的，而且你也很容易对这个购买决策的正确性产生怀疑。

再如，你计划买一辆车或者给自己买一份高额的保险，很明显都属于扩展型的购买决策。这种购买决策过程长达半个月到一个月都是很正常的。

$$\bullet \ \bullet \ \bullet$$

针对4类客户心理需求，结合3种购买决策行为，如何更快地成交？

对于要解决问题的客户，我们的重心应该是有帮助客户解决问题的能力。

1.准确地诊断出客户当前面临的问题。

2.给予真实的客户案例。

诊断出客户当前面临的问题后，客户就会对你建立起一定的信任。

而告诉他们我们替什么客户解决过什么问题，也是为了让客户对你产生信任。

比如，对于购买养老金保险的客户，你可以给他举一两个之前的客户已经住上了理想的养老院，过上了自由的老年生活的案例。

再如，对于购买重疾险的客户，你可以跟他讲，过往客户理赔的真实案例。

对于追求建立链接的客户，你要告诉他的第1点就是我们的圈子里还有谁，第2点要让他去感受圈子的氛围。

比如，在我组织的新媒体聚会上，我会直接告诉他们，在北京的自媒体聚会上有"十点读书"的创始人林少，这种千万粉丝级别的行业大咖。

再如，我们专门给"批量成交研习社"做了一张海报，列举了几位优秀的学员，就是告诉大家还有谁来报名。

对于第三种消费心理——消费是为了社会性炫耀这种类型的客户，需要注意维持你的高级感。

如果是线下类的活动，一定要考虑整个场地是否高级；如果是线上类的活动，就需要考虑设计感了。

我曾经有一个线下课的学生说："我之所以大老远地来参加贺老师你的线下活动，第一，是因为你有百度百科，我能搜得到；第二，是我看了一下活动在丽思卡尔顿酒店，场地不错，所以我才来的。"

你会发现，对于一部分客户而言，他很看重你的服务本身是否传递了一种高级感。

相对而言，有第四种消费心理——消费是为了抢占机会的客户不会太挑剔产品和服务，他们关心的是你能否帮他解决一个足够有价值的问题，以及你提供的服务是否代表了未来的趋势。

针对这类客户，你要多谈一谈自己对于未来趋势的看法。

比如，我经常会跟我的客户讲，短视频和直播是现在很重要的趋势。我们团队自己在尝试视频号一个月之后，就实现了每日引流超过30个客户，最近准备把这块的流量放大10倍。

如果我刚出道，我也会选择做短视频和直播来完成我的客户"冷启动"，就是从零客户开始积累客户的过程。

其实，法官出身的阿里巴巴金牌销售陈国环，他的销售方法也是这样的，就是跟客户直接聊趋势。最后客户给他打钱了，还让他有空多来指导工作。

小结

为什么有的人成交起来特别困难，是因为他只是在卖产品。

但是，客户买的不只是产品，他内心的需求也要得到满足。

和阿里巴巴学习如何培养金牌销售

·

2000年左右，阿里巴巴还不是现在的互联网巨头，融资来的2500万美元快花完了。

但是有一款产品，在销售团队的大力推动之下产生了巨量的现金流，救回了阿里巴巴。不仅如此，后来阿里巴巴B2B①公司上市的时候有十几亿美元的融资，又为淘宝等B2C②业务的发展储备了充足的资本。

它就是阿里巴巴的B2B产品"中国供应商"，帮助中国的中小企业在

---

① Business-to-Business 的缩写，是指企业与企业之间通过专用网络或 Internet，进行数据信息的交换、传递，开展交易活动的商业模式。

② Business-to-Consumer 的缩写，是指电子商务的一种模式，也是直接面向消费者销售产品和服务的商业零售模式。

互联网上获得国外的客户订单，最早的定价是3万元一年。

不仅如此，阿里巴巴还涌现出了一批干嘉伟、贺学友、陈国环、程维等后来在互联网领域响当当的人物，这些人都有"中国供应商"产品的销售经历。

我真的想跟阿里巴巴学习，不仅想学他们如何把这些非科班出身的"菜鸟"培养成顶级销售的方法论，更想学习的是他们如何通过价值观、培训体系、激励体系等培养出一批真正的人才，实现"良将如潮"。

通过学习阿里巴巴的经验，我发现，很多公司在创业初期都是销售驱动的：只有销售带来了足够多的现金流，这个公司才能得以生存和发展；到了第二个阶段就会走向运营驱动，通过精细化的运营来提高客户服务的体验和公司的收入。

阿里巴巴和滴滴打车的崛起都证明了这一过程的必要性。

• •

阿里巴巴最早的一批金牌销售，都有很强的个人风格。学习他们的风格，对我们的销售会有一些启发。

早期销售冠军干嘉伟的"顾问式销售"。

阿里巴巴的早期销售冠军干嘉伟，他做过搬运工，也做过生意。他的销售特点是，采用利他的顾问式销售。通过对自己早期成绩的复盘，他发现之所以一开始成交很困难，就是因为自己的心态有问题。

"到客户那里一心只想尽快签单拿提成，根本不是为了帮助客户，客户就不愿意去跟你签单。"

他意识到销售就是创造价值，在这个过程中，他开始替客户考虑，看对方是否更适合8万元的方案。如果客户没有特别的需求，干嘉伟就会给他推荐1.8万元的标准版。当干嘉伟在永康签了一个客户之后，那个客户开始陆续地给他转介绍。

心态改变带来的是业绩的突飞猛进，从2001年1月开始，干嘉伟7个月内拿下了6个全国销售冠军。

法官出身的陈国环，卖的是对于趋势的洞察。

陈国环加入阿里巴巴本来是为了赚研究生的学费，所以他定了一个月入4万元的目标，然后再进行分解。

通过请教他人，陈国环发现，当顶级销售最重要的是客户积累，然后他定的策略是"高拜访频次+密集回访"。因为有的时候销售员隔半个月才回访一次潜在客户，客户已经把你上次讲的东西都给忘了。

不仅如此，陈国环的气场还特别足，他每次见客户，聊的不是产品，而是趋势和客户的问题。

当时正值注塑机产业链升级的大背景。有一次，陈国环去见宁波海太机械的创始人，直接问的就是："夏总，为什么我们的产品这么差？原因是在于设备的转速不够，只有4000—5000转。"同时，他会告诉客户："德国的注塑机转速已经达到了15000转。"

客户在他的引导之下，得到一个结论——"行业要改革，他们肩负着提升中国产品品质的伟大使命"。想要提升产品品质，就要整合全球资源，而阿里巴巴就可以帮他们去做全球化贸易。

最后，海太机械的创始人现场给他开了一张12万元的支票，而且让他有空多来指导工作。

卖趋势，错过可惜；卖洞察，趋利避害。

在陈国环看来，"把行业事业和国家使命结合起来，用坚定的语气讲给客户听，自然而然你就有了影响客户的能力"。

提问式销售的王刚，搞定了深圳贸易公司。

传统的销售只知道自己的产品，对客户了解不够，但是王刚会特别强调对客户的了解应该像老中医那样望闻问切，通过提问的方式，发现客户思维上的短板，去质问他和挑战他。

王刚的销售模式受《提问销售法》这本书的影响很大。当然，提问式销售对销售人员的能力要求也很高。**因为你需要见大量的客户来积累这方面的经验，才能够成为客户的顾问。**

别人都签4万元的小额订单，王刚一签就是二三十万元的大订单。2002年3—5月，他连拿了3块销售金牌，得到了和马云一起吃饭的机会。

王刚的一句话，还给马云留下了深刻的印象："一个人的成绩不可能超过他的目标，所以一定要定一个更高的目标。"

这就是销售和销售的区别。三流的销售，巴结客户；二流的销售，做客户朋友；一流的销售，带客户赚钱。

· · ·

管理+培训+激励，三管齐下，这就是打造一支销售铁军的秘密。

一、销售管理："定目标，抓过程，拿结果"

阿里巴巴内部总结过一个口诀，叫作"定目标，抓过程，拿结果"。定目标，就是指销售业绩目标。**抓过程，指的是销售主管日常必做的3件事：陪访客户成交订单，演练话术，解决员工的心理问题。**拿结果，指的是对销售结果进行复盘，不光看结果拿没拿到，而且看是怎样拿到的。

二、帮销售解决内心的疑虑，也是一种培训

阿里巴巴的早期销售管理者李旭晖，他会做一件很有意思的事，就是鼓励销售员将遇到的问题带回公司，大家一起出主意，解决其内心的困惑。

销售员只有把自己的疑虑解决了，才有可能去帮客户解决疑虑，这样产品才有可能成交。而且，他会要求团队把这个问题录入问题库里。当团队成员靠自己解决了问题后，他们的信心就会提升。

三、战报+先进经验分享，营造团队积极氛围

这样做，第一，可以提高团队的士气，因为在一个协作氛围浓厚的团队里面，一个人就很容易进步。

第二，可以鼓励大家正向思考，把那些"会因为别人签单而不开心的"负面思考的人淘汰掉。

四、金银铜制度，激励大家持续产生高业绩

为了避免销售压单（把业绩集中在一个月里释放，从而获得高提成），阿里巴巴设计了一个金银铜的制度，销售的当月业绩决定了下个月的提成。比如：销售额在10万元以上的是金牌，提成比例是15%；销售额在6万—10万元的为银牌，提成比例是12%；6万元以下的是铜牌，提成比例是9%。

销售员一旦松懈，就会浪费上个月金牌业绩带来的高提成比例。相反，如果你养成了好的开发和维护客户的习惯，你的提成收入将会高得惊人。

每一次读完阿里巴巴这些金牌销售的故事，我都不禁掩卷长叹，很可惜没有跟这些人生在一个时代，不能跟他们一起去做销售，跑客户。[①]

---

① 参考资料：和阳《阿里局：中供系英雄志》。

你是如何变得很会赚钱的？

•

我的公司创业3年，月收入增加了500%。2019年年底，我给运营负责人发了一台iPhone11 Pro。

我们团队的运营负责人"牧羊人"，他入职前已经工作了4年，曾经被一个老板忽悠以2000元的月薪干了3年。他之所以叫"牧羊人"是因为他真的放过羊。那个项目是做农业的，所以他去内蒙古买过羊，还开过拖拉机，工作很辛苦，却挣不到钱。

他刚到我公司的时候，月收入是7000元，负责的是线下课的运营，就是组织一些活动，通知一下上课之类的工作。后来我帮他突破了"我不够好"的限制性信念，又帮他梳理了线上成交的SOP，他的成交量也越来越高。

半年之后，他的收入变成了1.5万元，最近一个月他的收入刚破了3万元，也就是说一年之内他的收入翻了4倍多。很多小伙伴羡慕他这种成长速度，还有不少老板羡慕我招了一个好的运营负责人。

　　那么，他一年内收入提升4倍多，核心原因是什么呢？

　　他以前做的是为过程负责，现在做的是为结果负责。开一场线下课，定场地、做海报、通知学员上课、买东西，这些事情有没有价值？有，但是在老板眼里更多只能算是过程。

　　现在他的角色是我的运营成交负责人，如果有人在微信上咨询我们的线上课或者线下课，他就负责跟客户聊天，而且与对方成交。**在我这个老板眼里，他为公司的收入负责，也就是为结果负责，我就愿意给他更多的钱。**

• •

　　很多时候收入上不去，跟这3种金钱上的卡点有关系：

　　1.不好意思谈钱，背后是你的自我价值认同感不高；

　　2.无法成交高单价的客户，背后是你无法帮客户解决更有价值的问题；

　　3.不舍得为自己花钱，背后是你觉得自己不配。

　　举个我自己的例子。最早别人给我送了一盒几百块钱的茶叶，刚工作没多久的我，本能反应是：这盒茶叶还可以转送给谁？

这个行为背后的潜意识，就是我觉得我不配。

**一个人能赚多少钱，跟两件事有关：一件事是，你是否有很强的
"自我价值感"**。如果你自己都不觉得自己是有价值的人，你是没有办
法通过给别人提供服务来赚到钱的。

童年的经历里，如果你的父母对你有过打压式的教育，或者你的老
师对你有过很严厉的批评，都有可能会影响到你的自我价值认同感。

提升自我价值认同感，从学会自我接纳开始。你要意识到自己不是
完美的，但是可以更好。

另一件事就是，你能不能帮客户解决更有价值的问题。

比如，我有个学员是个催眠师，她以前收客户的客单价是1000元一
个小时。之前她的时间都是按小时卖的，这样带来的一个很大的问题就
是，客户要不断地付钱，挺麻烦的。对于她而言，就是纠结要不要告诉
客户后面还要付钱。

我最后帮她设计了一个服务，比如2万元半年的一个私教，主要帮客
户解决情绪管理的问题，包括3次一对一催眠、12次复盘和半年陪伴。

对于收入百万元以上的女性客户，花几万元解决一个情绪问题，她
们是愿意的。

$$\bullet \ \bullet \ \bullet$$

如果你想提升你的赚钱能力，送你3点特别实用的小建议。

一、从帮助别人解决小问题开始，再把服务产品化

我给你提供一个很简单的话术，你往里面套用：我要帮××解决××问题收××钱。

举个简单例子，假设你是个大学生，你学会PPT设计或者Photoshop修图，你就可以通过做一张海报设计收30—50元，这是完全有可能的。如果你设计得稍微好一点，形成了一定的口碑，开始有企业找你做，一页PPT就可以定价150元。

我的客户里有专业的发布会PPT设计师，他们的一页PPT可以卖到3000元。写文章可以赚稿费，从200—300元到1000—2000元不等。

二、学会销售自己，尤其是一对多地销售自己

我最近才发现，我是一个被程序员耽误的销售天才（就是这么优秀，而且脸皮厚）。

不管你是一个作者还是HR，都要学会推销自己。作者需要让自己被更多的读者知道，才能提高自己的收入；HR要把自己公司的这个职位卖给候选人。

所以提高表达的能力，尤其是让别人接受你的观点并付费的能力，真的特别特别重要。

三、远离各种网赚招商项目，少赔钱

如果你想赚钱，一定要小心网上各种忽悠人的赚钱项目，不要成为别人的"韭菜"。

小结

你越是能够帮客户解决问题，而且客户越相信你，你就越容易赚到钱。

赚钱，从提升你解决问题的能力开始，成交的第一步是与客户建立信任。

不知道和比你更厉害的人聊什么，怎么办？

●

之前给我的一个演讲私教学员上课，她是一个服装行业的创业者，她和我请教："贺嘉老师，面对企业家客户，我不知道该聊什么，怎么办？"

我给她讲了6点，她觉得收获很大：

1.如果对方身材保持得不错，可以夸他自律。

2.如果创业有些年头或者增速不错，可以请教创业经历和心得。

3.看到了他的书，可以聊近期阅读的内容。

4.看到奖状和合影，可以请他讲讲故事。

5.对赚钱感兴趣的创业者，多聊不同行业的赚钱机会。

6.聊管理90后的体会。

很多人之所以不知道怎么跟那些比自己更厉害的人聊天，是因为他们对这些高端客户了解得太少。

创业初期，老板们最关心的往往就是销售，因为销售直接关系到企业的生死存亡。

创业中期，老板们就会开始关心战略和运营。因为公司越来越大，管理复杂度也越来越高，有的时候稍微优化一下流程，就能给公司节省上百万元。

创业进入瓶颈期之后，有很多老板就已经放弃挣扎了，开始学习国学，学习修心。我曾经见过这种搞国学培训的公司，针对的就是营业额在5亿元以上的企业家，因为事业进入了一定的瓶颈，这个时候更多追求的是心灵上的平静。

我为什么会了解这些老板想要什么呢？因为我相信一句话：**想要做谁的生意，你就要跟谁混在一起。**

· ·

客户沟通的心法：你要发自内心地对他表达认可，对他的经历感到好奇。

前面教大家的内容更多的是一些沟通当中的"术"，什么情况下该跟什么人聊什么。其实，当你真的在现实环境中和客户沟通时，还是会碰到各种各样的问题。

这个时候我们就要用到沟通的心法：**发自内心地对他表达认可，对他的生意表达好奇。**

我之前有一个广州的学员是公司资产几百亿元的房地产CEO，他们在城市开发的过程中，不可避免地要和各种类型的人打交道。很多人的教育程度并不高，但这群人其实对于社会、人情世故特别了解，有着自己的精明头脑。

这个CEO学员跟我讲过一句话，我现在还记得：如果你不是发自内心地去认可这些人，他们是不会跟你做生意的。

有的人在和他人的交流过程中，更多的是看到别人的缺点，但其实每个人身上都是有优点的。**真正考验我们的是，你有没有发现对方优点的能力。**

一个上了年纪的管理者，他的短板可能是对于新的互联网技术不那么了解，但是他的优势往往是在大公司所养成的一套完整的管理框架和思维体系。在罗伯特·德尼罗和安妮·海瑟薇合作的电影《实习生》里面，本·惠科特在退休之后重返职场，成为朱尔斯·奥斯汀创建的时尚网站的实习生，用自己的管理经验帮他解决了很多管理上的难题，同时也试着去学习这套新的互联网商业模式。

要能和任何人都聊得来，但只选择同频的人合作。

我接触过很多优秀的人，他们身上都有一个习惯，就是只和同频的人聊得来。**只和同频的人交流，这点我并不是太认同。因为社会是多元化的，我们需要多个信息渠道去验证自己对于一件事情的理解。**

和老板交流，你会了解到他们对于这个行业和对于未来趋势的思考。

和中层交流，你会了解到一家公司是如何被组织起来的。

和员工交流，你会了解到一家公司是如何管理细节，如何去服务一线客户的。

实话说，我这个人优点不多（脸皮好厚），其中之一就是我很愿意和不同的人交流。只和同频的人交流会带来一个风险，就是很容易根据错误的信息做出决策。

至于为什么要和同频的人合作，其实很好理解。

大部分人刚开始创业的时候因为比较穷，是没有底气拒绝客户的。但是有一些客户，一方面是不懂行业，另一方面他们会提出很多不合理的要求，并且还会不断增加你的服务成本，最后你收他们的那点钱还不够你的人工成本。

所以，筛选同频的客户好处就是，一方面他会更愿意配合你，另一方面你们的沟通成本会更低，同时会更容易出结果。而他的结果会成为你的客户案例，可以让你吸引到更多的新客户。

说出来你可能不信，我刚毕业那会儿除了去养老院和老人们聊天，还在大街上跟流浪汉交流，我会关心地去问他从哪来的，为什么会流浪……

只有对不同的人了解得越多，在和不同人交流的时候才会越有底气，因为我知道不同的人想要的是什么。

只和同频的人合作是一种选择，和任何人都聊得来是一种能力。

月薪10万元的销售员不会告诉你的秘密

●

在深圳南山高新园的地铁口，看着一群大好年华的年轻人鱼贯而出，我陷入了沉思。

因为做CEO演讲教练，我教过、见过很多销售总监和各行各业的创业者，对于他们当中的很多人而言，一个月赚10万元，大概是工作了5—10年的水平。

为什么同样是上班，收入上的差别就这么大呢？

其实在管理学上，有一个很有意思的研究方法叫作"行为事件访谈法"（BEI）。

就是两组对照，看那些把一件事做得好的人与把一件事做得一般的人之间，有什么行为上的差异。

接下来，我要讲三个故事，看看这些厉害的销售和创业者，到底有什么值得我们学习的点。

••

第一个故事，让我学习到的是：不要在不合适的客户身上浪费时间。

销售领域有一个特别厉害的人——贺学友，他是阿里巴巴中国供应商铁军的早期成员。我看过他的两本书——《销售铁军》《销售冠军是如何练成的》，其中有一点对我特别有启发，就是他们会根据客户成交的可能性，把客户分成A、B、C三类。A类客户是在一天之内有可能成交的；B类客户是可能在5天之内成交的；C类客户是可能要一个月或者更长时间成交的。

同时，对于一线成交人员的要求是，每天跟进至少5个A类客户，以确保成交的成功率。

一般的销售都会觉得自己有很多潜在客户，然而其实他把别人当成客户，但客户并不认可他，这就没有成交的可能。

我有一个学员是广告公司的总监，她带的创意团队直接为公司的营业额负责，她的团队一年大概能够实现两三千万元的业绩，是公司里其他团队的两倍。

我问她和别人有什么不同。

她说："第一，我们有一套独特的投放的方法论，可以把ROI（投资回报率）做得比竞争对手要高50%；第二，对于那些特别事儿多又预算不足的客户，我们会直接拒绝他们。"

少在不合适的客户身上浪费时间，你才能够真正有更多的时间去服务好那些优质的客户。

● ● ●

第二个故事让我学习到的是：不要光卖产品，而且要帮客户解决问题。

我有一个很厉害的做汽车生意的学员，每年都可以赚个几百万元。我当时就问他：卖汽车的销售很多，客户为什么会跟你买呢？

他说，对于客户而言，买车并不麻烦，麻烦的是后续的汽车保险，刮擦后的汽车维修，还有日常洗车这些繁复的问题。

对于这些问题，一方面，他有独特的渠道，可以做到拿车的价格比4S店要便宜，而且可以保证是正品；另一方面，**他可以给客户提供足够多的增值服务**，帮客户解决问题——他不仅有汽车销售的公司，还有汽车保险的公司、汽车维修的公司，甚至他还有洗车场……

对于客户而言，在他这里买车，后续的其他所有相关的事情基本上都不用自己操心了。更夸张的是，他还在运营创业者的社群，找老师来给他的这些客户讲课，比如教大家怎么优化业务流程提升营业额，或者带大家做个直播卖货……

保险行业也是这样。

对于一些客户来说，教育和医疗资源是更重要的问题。我知道的一些保险代理人，他们除了会给客户提供保险产品以外，还会提供国际学校的教育资源和一流的医疗资源，这就是附加值。

如果产品是标准化而且可复制性强的，你在销售过程中想要获得超额的回报，就必须提供不可替代的附加值。

●　●　●　●

第三个故事是最近发生的，让我深有体会：真正厉害的人，聊天聊得让你想主动打钱。

真正的销售高手是怎样的呢？到目前为止，我跟两位朋友聊天的时候，聊出了那种主动想打钱给他的感觉，这种感觉很可怕。

比如说某个大V跟我说过："你现在的线下沙龙，一方面在做新客户的转化，另一方面又在给学员提供舞台。其实这样是不对的，因为这两个目标本身是冲突的。如果要提高转化率，应该自始至终都是你来控场。如果要提供舞台给学员，就必然会影响后续的转化率。"

如果对方对于某些事情的认知和洞察远远比我们要深，而且聊的又是我们特别想解决的问题，这个时候我们就会产生想要打钱的冲动。

所以，提升自己对于事情的认知和洞察，在对方的痛点上给出看法，让对方有"啊哈"的惊喜感觉，成交就是水到渠成的事。

小结

为什么你需要会销售自己？

最早我跟很多人一样低估了销售，现在我发现销售其实是一种很重要的能力，哪怕你的岗位不是销售，你一样要学会"卖"自己。

比如，汇报的时候，你要把你的方案卖给老板。招人的时候，你作为HR要把你的岗位卖给合适的人。即便你成了老板，你一样要把你的愿景卖给整个行业和你的团队。

你说会销售自己，重不重要？

2 引流：找舞台

10种线上精准引流方法

●

线下业务受损，需要搭建线上引流体系。

经历了疫情，每个人都有所感触。对于打工的同学可能好一点，但是对于老板而言，就两个字——焦虑。为什么呢？因为老板要给员工发工资，要付办公场地的租金，还有其他各种各样的固定成本和开支。主营业务支持在线上处理的还好说一点，可以远程办公，在线上成交，但是那些依赖线下业务的同学，日子就比较难过了。

我有一个做培训的学员就跟我讲："贺嘉老师，再过一两个月我就要把我的公司关掉了。因为每个月的租金和各种开支加起来得十几万元，真是扛不住了。"

在这种时候，搭建自己的线上引流体系太重要了。

在成交和线上营收这件事情上，我的起点是足够低的，但是结果还不错。我自己牵头组织过营收百万元的线上社群——"下班后赚钱"，并且把线上引流的方法分享给了学员，他们也都做出了成果。

学员Cici一次引流吸引了2000多人，变现30多万元；学员三木用专栏文章在一个月内引流300多人次浏览，变现10万多元；学员Byrne，一篇知乎文章获1.4万个赞，引流8000多人关注……

同样是线上营收，为什么有的人能做出来结果，有的人就没有结果呢？

• •

线上营收没结果，背后存在这8个误区。

误区一：没有定位，无法开始

80%的人面临"不知道如何开始"的问题，其实是没有定位。接下来，我会分享两个特别好用的定位套路。

套路1：人群+价值，告诉客户你可以服务谁。

例子：

CEO演讲教练：CEO（人群）+演讲（价值）教练。

女性社群商业顾问：女性社群（人群）+商业顾问（价值）。

你可以想一想你服务的客户是谁，是CEO、女性，还是其他特定客户？比如，"懒人健身教练"或者"懒人健身法"，服务的对象就是"懒人"。如果你能够找到一群客户，比如，你知道你要服务的对象是女性，也服务CEO，那么你就把这些人跟其他目标客户区分开了。这个时候，你再讲清楚你能给他们提供的是什么价值，就更容易吸引到你的精准客户。

讲一个真实的例子，我之前辅导过一个年营业额过10亿元的新媒体公司的CEO。他的公司已经跟好几个演讲老师合作过，但是，这个CEO在自己想要学演讲的时候却直接找到了我，当时我就有个疑问，为什么？

他说："别人是普通人的演讲教练，你是CEO的演讲教练，符合我的需求和自我定位。"这就是定位定得好的优势。

套路2：场景+价值，告诉客户，他在什么时候需要你。

比如，我的学员傅珊和学员西柚，她们一个叫"领导力教练傅珊"，一个叫"私聊成交女王西柚"。我在需要提升领导力的时候，就会想到傅珊；在需要提升私聊成交的时候，就会想到西柚。

误区二：限制性信念——不好意思谈钱

对于很多人来说，不好意思谈钱，这件事背后有一个限制性的信念，就是觉得自己不够好。特别是在熟人找你帮忙的时候，你就更不好意思谈钱了。

为什么呢？因为你会觉得："哎呀，大家都是熟人嘛！帮个忙还收钱，以后是不是朋友都没的做？谈钱会伤感情啊！"

我的建议是：你一定要意识到自己是有价值的。只有你认为自己足够好之后，才能去谈钱。不管对方是熟人还是陌生人，你收钱的行为本身也是对客户的一种筛选。你不浪费自己的时间，就能保证结果和产出。

当然，以后你找人帮忙也记得给别人钱。收钱的本质，是在筛选客户。

误区三：做线上营收，是零成本的

线上营收的成本相对是比较低的，但是好的文案人员、好的裂变工具、优质的流量等，都要花钱。为了省文案的钱，你让运营写一篇文案，转化率很有可能是惨不忍睹的。

我在刚开始做新媒体的时候，也走过一些弯路。比如，在寻找流量的时候，和类似于线下的免费打印照片的机器厂家合作，结果流量一点也不优质，吸引来的也完全不是目标客户。

误区四：转化产品时设置高单价

有一个早教培训行业的学员和我说过："老师，我做了免费的直播课，但是为什么没有转化成高单价的产品呢？"

我问他："你在免费直播里卖的是多少钱的产品？"

他说："6800元。"

能有转化就怪了……

因为在线上，我们做转化的时候，有一个**"双十定律"**。也就是说，比较合理的价格区间的设置应该是提升10倍的价格，而转化率在10%

左右是不错的。

比如，你做了一个99元的社群，这时想转化成999元的高价课，是比较合理的。如果你想从0元直接转化到6800元，价格区间太大，而且这时客户对你的信任是不足的，又怎么会被转化呢？

误区五：随意花钱投放文案

现在，很多人开展线上业务都会和公众号合作，进行投放广告文案。便宜的，一条的费用可能在三五千元；贵的，一条可能会是三五万元。这时，你用买来的流量去转化几百块钱的课程，如果不转化100个、50个付费客户，是不是就会亏了呢？

所以，不要有钱就盲目投放文案广告。

分享一个行业内幕：一篇准备发在头条的课程文案，一些大的知识付费平台会先在小的公众号上投放，再根据数据进行修改，测试3—5遍，转化和公众号阅读数的比例至少要达到1%，才值得用"头条推文"来推广。

误区六：没有足够库存让客户复购

我的学员Cici，是We&Me联合创始人。最近一个月里，她的团队只有一个打造衣橱整理的线上训练营。

这个训练营结束之后，客户已经产生了信任，而且又想继续深度学习。可是因为疫情影响，她们的线下课没法开展，又没有其他的线上产品去满足客户的需求，这就会浪费流量，造成客户流失。

所以，我让她们马上再开一个1000多元的线上穿搭训练营，满足老客户的复购需求。客户的需求得到满足之后，公司的收入自然也会提升。

误区七：不关注转介绍

在做线上课和线下课的时候，如果你有种"割韭菜"的心态，这是不利于你长期发展、影响口碑的。道理很简单，对于客户而言，来上课却没有解决问题，他们肯定就不会再来了，更别说推荐给身边的人了。

哪怕你的公众号有百万粉丝，来报你的线上课和线下课的人也都是有限的。如果你把这些客户全部转化了，之后客户又没有复购，也没有转介绍，你这个课就开不下去了，你的收入自然也会受影响，你的商业模式也是不健康的。

我不喜欢那种不关注客户成长的线上课和线下课，所以我打造每一门课程的最低标准就是，一定要给客户结果，可以实际实施，可以给客户带来真正的改变。

比如，我之前有一个私教服务，是关于个人品牌的。我会带着他直到给出结果，要么去做营收，要么去做涨粉，同时也会给出SOP，让我的学员可以去复制。另外，我也要求他给反馈，有作业，还有实战。

如果你不给客户创造价值，你的生意是做不久的。

再说一条行业内幕，这一条就值1000元：**1个老客户的价值，抵得上5个新客户**。因为你们已经建立了信任，他可以复购，还可以帮你转介绍。比如，有个学员曾经帮我们推荐了20个单价5800元的线下课的学员。

误区八：和没有成果的人学习

现在市面上有一些特别离谱的培训，比如，某个公众号订阅量只有100人，就敢教人家做个人品牌；还有抖音上一些人，可能只有1000个粉丝，就敢教你如何做短视频。这其实是很搞笑的一件事。他们要是知道怎么做，为什么不先把自己的品牌做出来呢？

选择老师的一条标准就是：老师有成果，他的学员也有成果。

8大线上营收误区	
误区一：没有定位，无法开始	误区五：随意花钱投放文案
误区二：限制性信念——不好意思谈钱	误区六：没有足够库存来让客户复购
误区三：做线上营收，是零成本的	误区七：不关注转介绍
误区四：转化产品设置高单价	误区八：和没有成果的人学习

• • •

我有10种精准引流方法，哪一种适合你呢？

方法一：社群引流

公式：自我介绍+成就事件+引流钩子

核心在于：

1.让别人知道你是干什么的；

2.你厉害在什么地方（数字）；

3.链接你的理由（电子资料）。

这是我的真实案例：通过一次社群分享，就做到了引流300多人。其实很多时候，技巧并不难，关键是你知不知道，以及做得是不是到位。

方法二：分享裂变引流

我们经常在朋友圈看到公开课海报，其实就是为了吸引那些潜在客户。

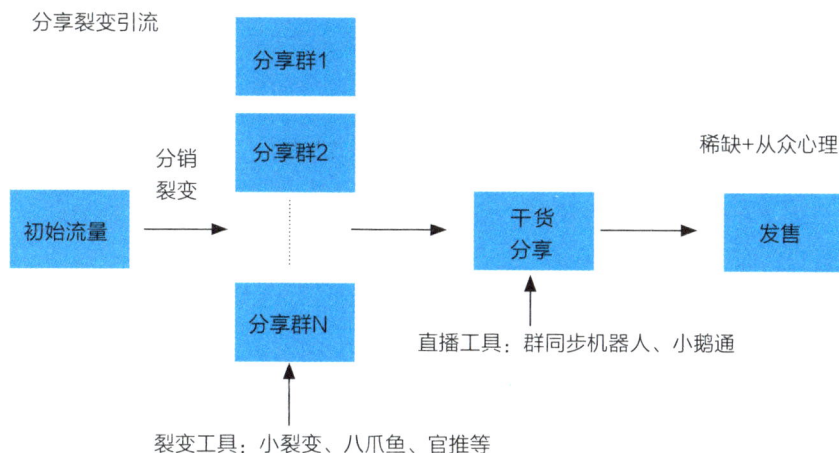

分享裂变引流

```
                        ┌─────────┐
                        │ 分享群1  │
                        └─────────┘

                        ┌─────────┐
         分销            │ 分享群2  │                        稀缺+从众心理
         裂变            └─────────┘
┌─────────┐                  ⋮        ┌─────────┐      ┌─────────┐
│ 初始流量 │ ───→              ───→   │ 干货    │ ───→ │ 发售    │
└─────────┘             ┌─────────┐  │ 分享    │      └─────────┘
                        │ 分享群N  │  └─────────┘
                        └─────────┘       ↑
                             ↑        直播工具：群同步机器人、小鹅通
                   裂变工具：小裂变、八爪鱼、官推等
```

方法三：资料引流

比如，我把这份PPT放到百度文库、道客巴巴上分享，并且留下我的个人微信号，下载这份资料的人就会来加我的微信。

这里需要提醒大家的是，千万不要用盗版电子书作为资料来引流，而是分享自己的PPT或者文章合集来引流，效果会更好。

方法四：分销引流

当你流量不够大时，可以加入别人的分销，并且成为分销排行榜前10。然后，改微信名（场景+价值），留下自己的微信ID。

方法五：知识星球引流

你可以花钱去别人的知识星球，然后发自我介绍。愿意进别人的星球的人，往往是愿意进行知识付费的，而且学习意愿比较强。

如果你比较有钱，可以直接找知识星球的星球主，花钱给他投广告，让他给你引流。这也是一种方式，不过成本比较高。

方法六：直播引流

这个方法的门槛比较高，适合颜值高并且有创意的同学。有时，有人能一次性引流1000多个客户到自己的公众号上。

方法七：得到引流

我有一个学员在"得到"APP上分享视觉笔记，吸引了上万人关注她的微信公众号。之后她开了4期视觉笔记训练营。这种方法比较小众，好处是吸引来的客户定位精准。

方法八：豆瓣引流

你可以在相关的小组里进行分享，积极地给刚上映的电影、刚出版的新书写优质短评增加曝光……这条就不展开讲了。

方法九：知乎引流

如果你在电影类、情感类、职场类等号上有一定原创能力和作品，可以通过平台的一句话介绍和文末留下个人推广信息来实现引流。知识型的同学一定不要错过这个方法。

知乎的客户月收入平均8000多元，这在所有社交媒体平台里属于高的。

方法十：短视频引流

像抖音这样的平台，你可以通过个人简介+私信+评论的方式，引导客户添加你的微信。优势：赢在未来趋势，客户增长空间大。劣势：客户偏年轻，付费能力一般。

精准引流的 10 种方法	
方法一：社群引流	自我介绍 + 成就事件 + 引流钩子
方法二：分享裂变引流	9.9 元海报 + 裂变分销
方法三：资料引流	一次性涨粉 40000 多人
方法四：分销引流	排行榜引流
方法五：知识星球引流	精准引流小众客户
方法六：直播引流	如何一次直播涨粉 1000 多人
方法七：得到引流	引流 20000 多人的实际案例
方法八：豆瓣引流	积累你的 1000 多个种子客户
方法九：知乎引流	一句话介绍 + 留下个人推广信息
方法十：短视频引流	个人简介 + 私信 + 评论

此外，避开误区，精准引流，你还可以搭建线上营收体系。技巧并不难，"了解"只是第一步，难的是你去不去做，以及做得是不是到位，这才是拉开你和同行差距的关键。

艰难时刻，与其抱怨，不如躬身入局。

钱赚多了，格局就大了。

如何快速获得别人的信任？

•

很多人有流量焦虑，总是问我：流量从哪里来？

其实这是不对的。我见过很多100万粉丝的大咖，因为有流量而浪费流量。我也见过不少普通人，因为社群运营得好，年收入上百万元。

其实对于一个新媒体的小白而言，重要的不是你现在有多少流量，而是有多少人信任你。

我见过很多公众号有10000多人次的阅读量，但是卖不出去货，或者卖一个299元的训练营只有两三个客户愿意付费。我也见过阅读量200人次的公众号，发一篇文章能够卖货10多万元。

两者背后的差别就在于，别人是从你这里看一些信息，还是真正相信你这个人。

当别人真正相信你这个人，而不是把你当成"工具人"时，你才会对别人有更强的影响力，你才会拥有所谓的"带货能力"。

获得别人信任的能力，比流量更值钱。

• •

信任=价值×真实

我们为什么会相信一个人？

根据贝叶斯法则，当不能准确知悉一个事物的本质时，可以依靠与事物特定本质相关的事件出现的多少去判断其本质属性的概率。**简单来说，我们会根据一个人的过往行为，判断对方是否靠谱。**

如果你帮我解决过问题，之后你大概率有能力继续帮我解决问题。如果你现在愿意帮助我，大概率你以后也会愿意帮助我。如果你这次见面放我鸽子了，后续的合作大概率你也会搞些事情出来。

如果想要获得信任，我们最需要做的只有一件事——给别人提供价值。

之前我作为一个程序员，认为只有一种价值，就是帮助别人解决问题。比如，你电脑坏了，我帮你修一下；你不知道怎么写代码，我教你。这样帮别人解决问题都属于功能性的价值。

现在我发现，**我们除了可以帮别人解决问题，提供情感上的支持，让对方看到生活当中的另一种可能性也是一种价值。**比如，在别人迷茫的时候，分享一下你是如何克服中年危机找到人生意义的故事，对于别人而言就是一种莫大的安慰。比如，腾讯里准备离职的很多前同事就很喜欢找我吃饭，原因很简单，他们觉得我是从腾讯离职的人里，少数越混越好的，他们希望从我这儿找到一点对未来的信心。

· · ·

下面三个是可以帮助大家与客户快速建立信任的有效方式。

一、分享大家常见的问题

我们在与客户的交流过程中，可以提前把客户可能面临的问题进行分类。你在准确地说出客户问题的那一刻，客户就很容易相信你。

分享问题的常见句式："你是不是也是这样……"

比如：

"你是不是也是这样，没有目标，一天到晚瞎忙？"

"你是不是也是这样，行动力差，背后原因是想一想这件事有难度就不做了？"

"你是不是也是这样，拖延症，重要的事情总是往后拖……"

二、分享自己的改变

分享自己的改变有一个很好用的句式："我之前……"和"我之后……"。

举个例子讲一下我的领导力是如何突破的。

我之前作为一名CEO演讲教练，不喜欢管人，也很少和团队开会。很多时候，大概半个月，同事都见不到我，因为我在外面出差讲课。

我之后找到了作为一名CEO的身份感，主动招募了更多优秀的小伙伴加入团队，花时间培养团队成员，梳理公司流程……现在，团队的能力越来越强了，我有时间去思考公司的战略和产品方面的迭代……

我们为什么要分享自己的改变？

原因很简单，因为我们分享自己的改变，可以激发潜在客户想要变好的意愿。只要客户抱有想要变得更好的意愿，就有成交的可能性。

三、分享客户的改变

我团队的运营一朵曾经和另一个自媒体团队的合伙人交流，**对方很感兴趣的一点就是，为什么她从一开始很迷茫的状态变得更加自信了，而且影响他人的意愿有了明显的提升？**

她分享了不少我激发团队成员的方法，比如，我和团队一起团建玩现金流游戏，激发大家对于金钱的敏感性。再如，我带团队一起分享自己的成长经历，互相建立深度信任。

不断分享客户的改变，其实告诉客户的是"别人可以，你也可以"……

小结

我们可以通过三种方式快速建立别人对我们的信任：**说中别人的问题，分享自己的改变或者分享客户的改变。**

获得别人的信任是一种高阶能力，未来会比流量更值钱。

如何通过写一篇文章引流10000多人关注?

很多同学问我: 2020年了,写文章引流还有没有用?

我可以和你分享一个数据: 像卢克文、半佛仙人,都是在2019年才开始集中写公众号文章的。一年多过去了,卢克文有547万活跃粉丝,半佛仙人有278万活跃粉丝。

现在写文章,不晚。可是,对于一个没有什么写作经验的人来说,写文章就会面临写什么的问题——写哪些选题呢?写什么选题引流效果最好呢?要追热点吗?

其实,最容易写好的选题不是追热点,而是**讲你人生的一些"啊哈"时刻。**

什么是"啊哈"时刻呢?**就是对你来说很有仪式感,让你很有表达**

欲，也是你新认识的朋友最愿意去了解你的那些时刻。

负向的有：**你从××辞职。**

正向的有：**你开始创建你的事业；你的观念发生改变；你××岁的感悟······**

王潇曾经写过《写在三十岁到来这一天》，这篇文章的网络转发达到了300万次；刘润老师在2006年写的一篇《出租司机给我上的MBA课》，更是火遍了中国互联网······

这些很经典的文章，都是创业、生日小结或者观念改变类的文章，很容易让客户产生共鸣。

• •

"啊哈"时刻的文章，框架怎么搭？

我拆解了我自己写的一篇文章——《离开腾讯一个月，我照样可以赚10万》。我把它同步到了知乎的回答和专栏上，这不是我点赞量最多的文章，却是引流效果最好的文章——给公众号引流了14000个粉丝，直接带来的变现超过3万元。现在回头来看，这篇文章锋芒毕露，我现在写也不一定能写出这样的锐气。

但它当时的确解决了我的流量问题。

整篇文章的结构包括这5个部分：

第一，**重点前置，讲结果。**

离开腾讯一个月，我赚了10万元。

第二，讲感悟。

我从《易经》出发，讲我度过了"潜龙勿用"的20岁，进入了30岁。

第三，讲生活状态。

我罗列了当时的收入和开支的情况，比较流水账，加了很多衣食住行的照片。这样的内容对于读者来说会很亲切，有代入感，还能满足他们的好奇心。

我还在其中设置了一个槽点，讲的是我穿的衣服很多都是自己定制的logo T恤，39元一件，我有5件，好穿方便，唯一的问题就是朋友会以为我不换衣服。这就是一个槽点，客户会觉得：程序员的生活都这么潦草吗？

第四，升华，讲自己的使命和价值观。

比如，当时我教一个大咖如何开公众号，帮他导了很多粉丝到公众号上，后面也实现了变现。

顺着这个故事我就讲了一下我的愿景：我想帮助更多的人，通过写作和新媒体运营，获得更多选择职业和城市的自由。

第五，结尾放引流钩子。

在文章结尾，我放了一个引流的钩子。我卖了个惨，说这篇文章写了很久，篇幅很长，引导点赞。想知道我的×××经历，可以关注我的公众号，并且会附送资料……

我不是一个有文采的人，这篇文章里写的内容也并不复杂，为什么能火呢?

因为对于一篇爆款文章来说,文采从来不是最重要的,最重要的是其中有没有**冲突感**,有没有**情绪**,有没有**让读者产生代入感**,让他们会觉得这是真实的。

写作的几年里,我发现了一个现象,基本上有1/5的人在离开腾讯之后,都会写一篇总结性的文章。而这些文章,是他们很长一段时间里阅读量最高的。

为什么离职的文章会是阅读量最高的呢?原因就在于,你离职的阶段写的文章是对过去几年甚至十年经验的总结;而且,你离职的时候情绪是很饱满的,也很有表达的欲望,能够引发读者共鸣。

• • •

除了个人经历,你还可以写学员改变的故事来引流。通过分享学员的故事,你能吸引和学员相似的潜在客户。

我写过一篇反馈很好的关于学员故事的文章,主角是一个1993年的小姑娘,她是上市公司的总监。我当时写的标题是《93年的成了上市公司总监,你和她差的不止一点》,这篇文章阅读量有1.6万次,对当时的我来说是一个很高的数据了。

内容标题	时间	阅读次数	分享次数
93年的成了上市公司总监，你和她差的不止一点	2018-02-10	16209	960

我后来才知道，这篇文章阅读量之所以这么高，是因为这个上市公司的董事长看到了，并把这篇文章转发到了3个各500人的群里，让这1500个人去转发……

所以，想让你的文章阅读量高，除了在特定的时间点写，还可以尝试写客户的故事，引发客户转发，带来更多客户。

这样的文章有什么样的结构呢？我们一起来简单拆解一下。

第一部分	我有一个客户，面临什么样的问题
第二部分	我是怎么帮他解决的
第三部分	结果有多好
第四部分	升华 + 广告

先讲她在大学毕业后的3年里，没有靠父母，走完了很多人10年都没有走完的职业路径。

冲突是什么？是面临的问题，是"工作3年，凭什么就能当上市公司的总监？"

我总结了3点：

第一，选择：毕业后的实习选择；

第二，坚持：老板担心这件事能不能做成的时候，坚持去做；

第三，表达力：主动表达意愿。

主要写了她从解说员开始做起，主动提出建立解说培训部，她就成了解说培训部的管理者，后来开始管理市场，再后来成了人力资源总监。

我最近见她的时候，她已经成了上市公司的副总。

结尾处我加了一句升华的话：主动行动，抓住表达红利，让想法落地，获得上级支持。

最后增加了一个互动："你们想看她长什么样子吗？"然后在征得她同意的情况下，放上了她的照片。

小结

这两篇文章拆解出来的，就是写文章引流的两个好用的套路。

首先，要抓你人生的重要时刻：辞职、生日、创业，包括创业××年或者创业失败，等等，都可以。

其次，就是写客户的故事，来吸引和客户相似的人。

写文章引流，最重要的是真实。真实，最能打动人。

普通人如何抓住短视频红利？

•

　　短视频是个机会，这点大家应该都会认同。**你最关心的可能是：短视频会是我的机会吗？**

　　去年，我的团队花了大半年时间在抖音平台上积累了60万粉丝，抖音号"贺嘉演讲教练"也变现10万多元（不是太多）。我们自己的作品包括口播、情景剧、vlog等，其中有点赞次数超过10万的作品。

　　作为一个有实战经验的过来人，这次毫无保留地和你分享一下我的心得和踩过的坑。文章有点长，但如果你认真看完，在购买设备和学费上至少能省10000元。

　　——很多新手拍完短视频发布之后却没有流量，怎么办？

慢慢他们也就不想做了，为什么呢？

我看过很多新手拍的短视频，拍的是自己的日常生活记录，没有观点，镜头是摇晃的，画质也很差。

我们站在视频号和抖音平台角度来思考一下这个问题：如果平台给你推荐流量，目的是什么？他们希望作者能够提供优质内容，帮平台吸引新客户，花更长的时间在平台上。如果这些内容能够激发客户的转发就更好了，因为会帮平台获得新的流量。

我在抖音粉丝量为0的时候，花了几千元找了一个几十万粉丝的抖音大咖请教。她说，如果你没有拍够20个作品就放弃了，一定不会火。一边拍，一边看数据调整自己的内容，大概率能够火上一把。

——什么类型的短视频内容容易涨粉？

我们认真去看各大短视频平台前100的UP主，什么类型都有。**任何类型的都可以火，关键是你要有自己的人设并能够做到持续输出。**

有舞蹈或者唱歌才艺的同学可以考虑做一个才艺类的UP主。情感细腻、擅长抒情和视觉记录的同学，可以考虑做一个vlogger。像我这种颜值不行，只能靠才华吃饭的，就只能做一个知识类的IP了。

其实，作为一个新手去拍短视频，你要做到下面3点。

第一，有一个明确的人设。

第二，内容要对客户有价值——**要么提供内容价值，要么提供情绪价值。**

```
                                    ┌─── 原创
                                    ├─── 发布频率
                    ┌─── 账号权重 ───┼─── 完播率
                    │               ├─── 点赞率
                    │               └─── 参加直播等平台活动
                    │                              ┌─── 抖音、快手：15秒—1分钟
                    │                              ├─── 淘宝直播、抖音：直播类1小时
  ┌─────┐          │          ┌─── 平台+时长 ───┼─── B站：5—10分钟以上
  │ 人设 │─────────┼─── 定位 ──┤                  └─── 微信视频号：1分钟以内
  └─────┘          │          │                              ┌─── 内容价值
                    │          └─── 给客户提供的价值 ─────────┤
                    │                                          └─── 情绪价值
                    └─── 记忆点
```

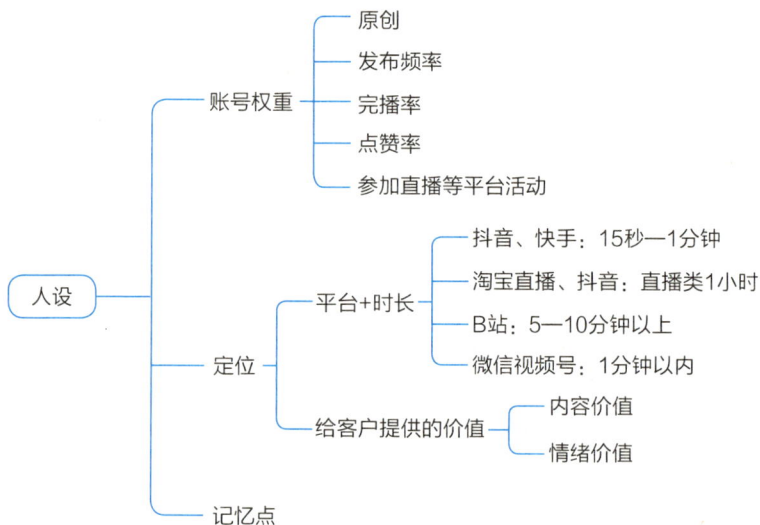

内容价值，就是客户看完马上学会的内容。比如"学会5秒钟文字如何变图表"这种有技能价值的内容。

情绪价值，就是公益类的内容，客户看完有情绪上的共鸣，会主动点赞。

第三，拍摄镜头不要摇晃，画质不要太差。

平台为了筛选出真正受客户喜欢的内容，在作品发出之后，会给几百到一千人推送，以此作为起始流量来测数据。

拍短视频没有那么容易，也没有那么难。

——新手不会写脚本、不会拍、不会剪辑，怎么做短视频？

不会就学呀！

我的建议就是自己拍、自己剪。

抖音上有一个账号叫作"抖音创作者学院"，里面有一些干货合集是关于平台规则、内容策划的，尤其是"创作者进阶课程"的讲师"毒角SHOW"，本身就是粉丝1000多万的短视频大咖，他分享的内容比很多野路子的讲师靠谱多了。

比如，"毒角SHOW"讲的一个爆款视频能让人愿意转发、产生情绪波动有5个点：

1.笑点：看完会笑的。

2.泪点：看完会感动，也会转发。

3.新奇点：看完觉得不可思议的。比如2岁小孩做饼，老外吃中国烤串。

4.美点：人美景美，比如高颜值的美女，旅行类博主拍的航拍镜头。

5.槽点：客户会吐槽你的地方，比如你的口音或者能增加客户互动量的点。

但不是一个短视频都要有这些点，有2—3个点，想要得到几万个点赞是没问题了。

至于拍摄和剪辑方面的学习，给大家推荐以下3个账号可以关注学习：（抖音上的）李逍遥、小楠风、小神仙victory。

短视频的镜头语言里很重要的一点，就是学会拍摄不同的镜头画面，然后把它们组合起来变成一条流畅的视频。比如，怎么拍卡点视频，如何拍运动镜头，如何拍vlog，这几个账号里都有简单好用的教程。

当然，光看教程是没用的，更重要的是去实战。

如果你已经有了一个小公司，可以考虑招一个策划兼顾拍摄和剪辑。市面上好一点的编导月薪在1万元上下。如果你的公司年收入超过1000万元，可以考虑配置一个完整的短视频团队：策划+拍摄+剪辑+演员，一个月投入在4万—5万元。

• •

——我做短视频会不会赚不到钱，如何变现？

这里讲一个价值5000元的行业内幕。有没有短视频的博主把号做起来了，但是最后没有挣到钱？

我有一个朋友，两年前就把自己的抖音号做到了被100万粉丝关注，但是他这个短视频的团队还是解散了。

一句话，因为赚不到钱。第一，他是一个搞笑类的账号，变现比较困难。第二，他们是一个外国人体验中国生活的搞笑类账号，团队的成本太高了。两个外国人，策划人、剪辑师、摄影师，加在一起，每个月团队的费用至少要4万元。

短视频变现有3种方式。

第一，广告。

如果你希望通过广告变现，最起码得有10万粉丝，而且你的每个视频的点赞量要比较稳定。

在这个基础之上，还要有甲方客户资源。品牌认可你的账号，就会在你这儿做投放。一个几十万粉丝的抖音号接一条短视频广告的报价在1万—2万元。我之前问过朋友，行情大概是每1万个粉丝等于300块钱。

如果你的内容都是剪辑搬运的，这条广告变现的路你基本上就不用想了。广告变现比较适合美妆、好物测评、IP类账户……

第二，电商。

电商带货在这两年比较火，尤其是在短视频平台普遍都配了直播功能的情况之下。

做电商有几个挑战，一个是供应链，一个是物流售后，还有一个是账期。一个产品大家在哪儿都可以买，如果你的货源和价格不比别人便宜，客户就没有在你这儿非买不可的理由。

电商变现比较适合有货源或者有供应链优势的创业者，包括农业相关的创业者。如果你镜头表现力强，擅长带货的话就更适合了。

第三，引流到线下门店，发展培训业务。

对于特定的行业而言，他们的产品交付无法全部在线上进行，这时，抖音和视频号这类线上平台起到的更多是一个流量入口的作用。

抖音这类短视频平台的客户偏年轻化，而且三四线城市的人多一些，但是微信推出的视频号客户质量比抖音高一些，是因为他们的付费能力更强。

培训师、律师、品牌策划、咨询顾问、保险代理人，短视频变现的方式主要是引流到线下。

• • •

——如何拍出一个超过10万个赞的短视频？

结合我自己一个70万点赞量的短视频作品，来和大家分享一下短视频生产的整个流程：**选题—脚本—拍摄—剪辑—发布。**

```
            ┌── 知乎上同领域的精华问题
            │
            ├── 客户常见的问题
     选题 ──┤
            ├── 全网的热点
            │
            └── 行业内幕
```

一、选题的4个来源

知乎上有个同领域的精华问题："为什么90后都不愿意讨好领导？"我抖音上有70万点赞量的那条视频，选题就是来自知乎热搜。

知乎上还有很多话题，比如"美妆"，你点"精华"按钮，就有按照点赞数排序的高赞主题。

注意，选题上可以借鉴，但是脚本内容一定要自己原创。

客户常见的问题类："跟别人聊天没话题怎么办？"

主要来源：日常客户交流。

你不妨想象一下：如果你是新手，经常碰到哪些问题？

如果你做的是职场号，可能是上班第一天如何给同事留个好印象。

如果你做的是美妆号，可能是过敏性皮肤如何保养或是如何选化妆品。

全网热点类："你是不是高考也没考好？"

主要来源：关注知乎热榜和微博热搜。

此外，还可以看一下同一个领域的大咖最近都在做什么选题。

即便是同一个选题，角度和内容不同也是可以的。

行业内幕类："面试官不会告诉你的3件事"

这类内容其实很受行业新人和对这个行业感兴趣的其他客户欢迎。

你需要思考的是，哪些内容是一般人不知道而且有价值的？

比如，我在知乎上有过一个近1万个赞的回答："有哪些是你当上领导才知道的事？"

二、脚本

比如，我拍的一个视频："为什么90后都不愿意讨好领导？"我是这样做的：

表情包1：why?

1990年的人，花时间讨好领导不如打一把游戏有意思；

1994年的人，我们不是吃不了苦，而是受不了委屈；

1996年的人，拍马屁这种低效率且无意义的事，谁爱做谁做；

1997年的人，我是来出卖劳动力的，出卖灵魂不是这个价格。

表情包2：你这点钱我很难帮你办事呀。

3类脚本模板：

1.数字。比如：关于××，你不知道的3件事。

脚本里可以有"3"这样的数字，一方面大家会对数字好奇，另一方面内容的逻辑性也会更强。

2.场景+问题+干货。

场景方便客户产生代入感。

问题会带来冲突感，让观众愿意继续看下去。

干货会给客户带来获得感，愿意给你点赞。

举个我之前高赞短视频的例子：

场景：跟别人聊天没有话题怎么办？

问题：两个人见面没话聊？

干货：教你3个万能的聊天话题……

3.梗。

短视频内容要想点赞量高，很重要的一点是激发客户的情绪。

在内容设计上就需要用一定的梗和设计来反转情节。

三、拍摄设备

对于一个普通人而言，刚开始上手的时候的确没有必要用很贵的设备。

入门装备：手机+自拍架。

进阶版：可以考虑买云台+单反+无人机。

这一整套设备至少要两三万元。

不过必须感慨一下，无人机拍出来的远景镜头真的好看。大疆OSMO我也买了，不过一直没怎么用上。

四、剪辑软件

剪映是一款免费下载的手机APP，只需要在手机上操作即可，推荐一般客户使用。VideoLeap的价格是256元/年，优势是有一定的非线性编辑功能。Adobe Premiere的价格是2975元/年，优点是功能特别强大，缺点是贵和有一定的上手学习成本。

小结

作为一名CEO演讲教练，我为什么要花这么多时间写一篇干货教你如何拍短视频呢？

因为"演讲不是目的，影响力才是"。短视频是我们传播演讲、打造影响力的一个重要途径。

后续我的公众号会更聚焦于演讲、表达、个人品牌和影响力，希望帮助100万名高管提升个人影响力，培养出100位真正能够制定行业规则的行业大佬。

如何快速获得100万人的信任？

●

大部分创业者最关心的问题只有一个——客户从哪里来？

不论你的业务是面向企业还是消费者，不论你的公司现在一年挣100万元还是一年挣10亿元，我就没有见过不操心客户从哪里来的。即便是BAT①级别的公司，他们同样有着自己的增长焦虑——担心未来的客户从哪里来？

最近和一天咨询费20万元的"剽悍一只猫"老师交流了半天，他做社群很厉害。我们有一点共识，就是在咨询、培训、保险这类业务上，很多时候，比起影响更多的普通人，我们需要做的是影响有影响力的人。

① 指中国互联网公司三巨头：百度（Baidu）、阿里巴巴（Alibaba）、腾讯（Tencent）英文首字母缩写。

获得100万人的信任，意味着你可能会有超过1万个潜在客户，你想要吗？

传统的自媒体强调的是浏览量，也就是多少人看到你。但是，我的观点是，在这个时代，单纯地看到你是不足以产生信任的。那么，有没有更好的方式呢？

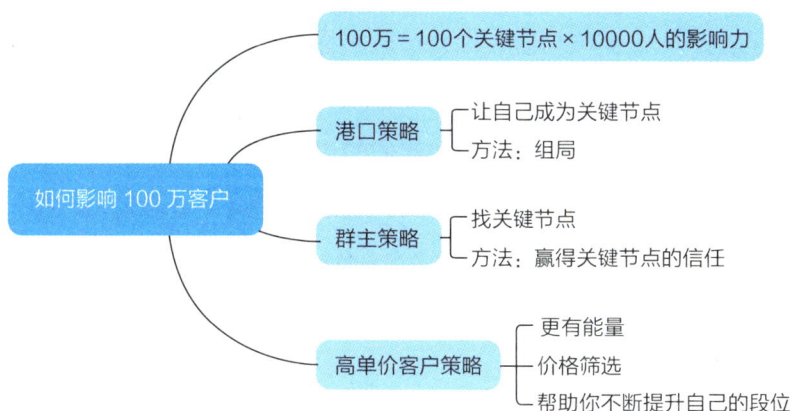

如何影响 100 万客户
- 100万 = 100个关键节点 × 10000人的影响力
- 港口策略
  - 让自己成为关键节点
  - 方法：组局
- 群主策略
  - 找关键节点
  - 方法：赢得关键节点的信任
- 高单价客户策略
  - 更有能量
  - 价格筛选
  - 帮助你不断提升自己的段位

如果每年影响100个人，就需要1万年才能做到影响100万人。

更靠谱的方法是深度帮助100个有影响力的人，因为他们有影响1万个人的能力。

通过他们的信任"背书"和转介绍，你可以快速地影响100万人而且获得信任。

但是挑战也来了，你要深度影响100个能够影响1万个人的人，并不容易。

接下来，我分别讲3种策略，分享一下在影响有影响力的人这件事上，我是怎么思考和怎么做的。

· ·

港口策略：让自己成为关键节点。

如果你是一个销售总监，你身边应该会有很多销售总监。如果你是一个HR总监，你身边应该有很多HR总监。

链接是可以创造价值的，因为我们的生活中存在着大量的信息不对称。 比如，某个人有培训的需求，而你身边恰好有合适的老师，他们俩互相不认识，你给他们牵线对接了这次合作，他们都会感谢你。

我们自己同样可以通过组局的方式，让自己成为小圈子里的关键节点，甚至成为更大的关键节点。

其实我们完全可以从最简单的每个月一次的饭局入手，最重要的是，你要把这件事品牌化，持续地做下去。

组局这件事有三个难点。第一，怎么完成冷启动。你可以从找两个感兴趣的朋友开始。第二，如何给大家提供价值，吸引更多的人来。这个主要考验的是你每次活动的主题，以及你能不能邀请到能够分享一些干货的嘉宾。比如，我推荐可以聊的主题就是行业内幕，或者说说大家在每个行业是怎么赚钱的。第三，坚持下去。这很难做到。因为有的时候来的人少，你可能就没有动力继续搞下去了。

在组织这种饭局的过程中，你就会成为圈子里的关键节点。

· · ·

群主策略：找关键节点。

以前走江湖的有一个词叫作"拜码头"，就是到了一个地方要找当地有影响力的人，去拜访一下。

现在的互联网传播环境跟之前比起来，有了很大的变化，用传媒学者麦克卢汉的话说，我们经历了**"部落化—去部落化—再部落化"**的过程：

"部落化"，讲的是原始社会的部落；

"去部落化"，讲的是封建和工业化；

"再部落化"，讲的是互联网时代大家因为不同的兴趣爱好，被重新链接成了一个个的小群体。

之前的媒体时代，只要你在媒体上花钱打广告，就可以批量地接触到海量客户。但是，现在大家信任一个人的成本变得越来越高，相应地，各种各样的群主就变得非常有影响力了。因为他们成了传播学上的"守门人"的角色。

群主是否相信你，直接影响到了他圈子里的100个甚至1000个人是否信任你。

如何让这些群主相信你呢？最简单的方式，就是给他们提供价值。

1.购买他的付费产品（这是最直接的方式）。

2.可以给他去转介绍客户。

3.给他提出一些产品或者服务上的迭代的建议。

4.时不时给他提供一些意料之外的礼物。

5.你可以在背后夸他，给他进行背书。

基于互惠原则，你给对方提供了价值，想获得群主们的背书和推荐就会容易很多……

· · · ·

高单价客户策略：经营一群有能力为高单价付费的客户。

为什么要经营高单价的客户呢？一般来说，因为高单价的客户会更有能量。第一，他们对于产品和服务的要求更高，会帮助你不断迭代你的产品和体验。第二，每一个高单价客户背后至少有10个有类似需求的客户。如果他们对你的产品和服务满意，就有能力进行持续复购和转介绍。

这里我想说的一点就是，有时，价格真的是一种筛选客户的手段。

很多人会不尊重你的时间成本，他们只想跟你免费聊很久，但你的时间其实是有价值的。在互联网领域会讲一个LTV的概念，就是一个客户的终身价值。很明显，高单价客户有着更长周期的价值。

最后也是最重要的一点，高单价的客户往往会更加积极和主动地用你教给他的知识和方法，也意味着他更容易出结果。

客户容易出结果，就意味着你会获得更多的客户背书。

小结

在当下这个时代，信任比流量更值钱，因为成交的关键就在于信任。

想要快速获得100万人的信任，从影响100个关键节点开始。

如何深度链接100个群主？

•

为什么我们要链接100个群主？

因为现在获得客户信任的成本越来越高，**谁能够快速获得大量客户深度信任，谁就可以在短时间内获得更多的收入。**

有两种方式可以链接更多潜在客户：

方式1：花钱，进行付费投放；

方式2：链接关键节点，获得对方的信用背书。

付费投放广告，支撑了不少在线教育领域的公司从0发展到上亿元的营业额，但是对于一般的大咖而言不太现实。

一方面，投放获客需要你有一定的专业投放能力，知道如何投放转化率更高。另一方面，对于启动资金有要求，你投放的金额动辄是几十万或上百万元，还需要养一支规模较大的投放和运营转化团队。

对于年收入在500万元以上的创业公司和大咖而言，深度链接100个群主显然是能更好地获得客户的方式……

我有一位朋友和我提起过，优质客户其实都在别人的付费客户池里。一是因为这些客户有学习的习惯，二是因为这些人有付费的意愿。

深度链接100个群主，显然是快速放大自己个人影响力的一种方式。

• •

既然深度链接群主是一种放大影响力的方式，那么我们要选择哪些群主进行深度链接呢？

优秀的群主有3个标准：有门槛、爱利他、能量大。

一个免费群和一个付费群，不用说你都知道哪个质量更高。我自己有不少优质客户，他们的反馈是更喜欢和优秀的人交流。

怎么保证你的产品吸引到的是优质客户？显然，收费是一种筛选的门槛。

我接触过不少高层次的客户，他们都说一句话："有些产品这么便宜，怕是学了也没有啥收获吧？"

另外，一个优秀的群主应该是"利他者"，是比较愿意帮助他人的人。**他们之所以能够成为圈子里的关键节点，与他们愿意帮助他人是有关系的。**

如果一个群主只想着索取，久而久之大家就不愿意和他玩了，自然他也就凉了。

在我看来，金钱是一种能量。因为你能够帮助他人，自然也更容易获得他人的帮助。

优秀的群主能量大，讲的是什么？就是你做一件事的时候，有多少人愿意帮助你。

"剽悍一只猫"老师做一次线上分享可以有10多万付费客户，其实这背后不是他一个人的影响力，而是他有能力调动上百个有影响力的大咖一起帮助他。

· · ·

如何与这100个群主进行深度链接？

第一，打钱、花时间。

如果一个人不愿意付费，还想免费咨询很多问题，换作任何人都不会有兴趣和这种人进行太多交流……购买对方的服务，参加对方的社群，其实是深度链接对方的第一步。

第二，帮他转介绍，帮他传播正面口碑。

我的学员We&Me形象美学的创始人Cici，她刚开始来上我的演讲私房课的时候，第一次课上完，马上就帮我们转介绍了两个私房课学员。这一下就引起了我的注意，我很好奇她为什么可以成功地帮我们转介绍。

后续我也给她提供了更多舞台，包括在线上与5000多位付费听众分享的机会，一次引流1000多位客户，后续帮她至少赚了30万元。

如果没有她主动帮我转介绍，也就没有我们后续链接的机会。

第三，帮助对方突破自己的认知局限。

其实，我帮助过一位传统行业的前辈，和他分享一些互联网的最新趋势，比如社群是怎么运营的，短视频内容如何变现等。

因为我帮助他认识了新鲜事物，他主动邀请我参与他们的企业家聚会。毫不夸张地说，他把自己积累了20年的企业家资源无条件向我敞开了，让我有机会和很多企业家近距离交流生意，以及学习团队管理。

第四，战略合作，一起成长。

我自己的成长过程中也得到了不少朋友的支持，比如DISC社群的海峰老师，十点读书的CEO林少。

海峰老师曾经帮助过我，让我被更多的人看到，我也很愿意支持他的各类线上分享、线下开课，帮忙进行一些转介绍。

我曾经辅导十点读书的CEO林少演讲，帮助他提升在大咖圈层中的影响力。他也会帮助我推广新书，作为分享嘉宾参加了我的人生2.0年会……

小结

深度链接100个群主，才能快速获得大量客户深度信任。

如果你想成为一个有影响力的人，最好的方式就是，影响有影响力的人。

普通人如何打造个人品牌？

●

　　团队中有一个之前自己创业的同学，她跟我请教了一个问题。她感觉认识的很多人都把个人品牌做起来了，而且赚了不少钱，但她自己由于一直没有找到内在的方向而停滞不前，真的很痛苦，问我：普通人怎么开始打造自己的个人品牌？

　　我就问她：关于个人品牌，目前面临什么问题？为什么不能够开始呢？

　　她列出了普通人创立个人品牌面临的困难，主要有3点：

　　1.如何找到定位，给他人创造价值？

　　2.如何持续地输出？

　　3.如何在看不到"钱途"的情况下坚持，直到变现？

我认真地看了看她列的这3个问题，我发现普通人想要打造个人品牌，比那些在行业里已经积累了5—10年的人去打造个人品牌更难，而且需要一定的时间积累。

那些告诉你一夜之间就可以打造个人品牌的人，大概率是为了坑你的钱。但其实也有好消息，就是随着移动互联网的普及，一个普通人比之前有了更多的展现自己的方式。

做个人品牌，10年前我们用得最多的词叫"投稿"。它意味着，决定你的文章能否被大量的读者看到的权力掌握在主编手里。但是，现在移动互联网提供了太多的平台和机会让你被别人看到。

你写不了文章，你可以写朋友圈；你不想写朋友圈，你可以拍短视频。

• • •

如何找定位，提供价值？是不是只有出了一本书或者成为行业大佬，才能打造个人品牌呢？

当然不是。每个人都可以做的一件最简单的事，就是把日常工作当中碰到的问题如实地记录下来，包括是如何解决的，这就是找定位的过程。

公式：碰到的问题+理论知识点+3个你实践过的小技巧

你碰到的问题，对于刚入行的新手，他也会在职场上碰到。

日本有名的管理学家大前研一，最早是麦肯锡的咨询顾问，被《金融时报》评为日本唯一成功的管理大师，在日本的管理界有"日本战略之父"的美名。他写过数本畅销书，至今仍然笔耕不辍。

大前研一刚入门咨询行业的时候，可以说是一窍不通，连很多基本的概念都搞不懂，所以，他做了大量的笔记，最终他把这些笔记整理成了一本书叫《战略家的思想》，结果一下子就出名了。后来他成了麦肯锡总公司的董事兼日本分公司的总经理。

在刚入行一个新领域的时候，90%的人会碰到各种各样的问题，但是大多数人都不会把它记录下来，更不会写成一本书。这就是有个人品牌的人和没有个人品牌的人在行为上的本质区别。

● ● ● ●

如何持续输出？

在打造个人品牌的过程中，有一个很重要的环节就是输出——把你的所思所想输出给别人，然后用你的观念去影响其他人。

很多人一听到要写文章、要输出就开始犯怵，想到的第一个问题就是：哪有那么多东西可以写？

其实生活当中可写的选题很多。

1.在工作和生活当中碰到的问题。

比如：为什么很多人不愿意发朋友圈？

2.客户跟你的抱怨。

比如：说话没条理怎么办？

3.可以分享你对一些热点问题的看法。

比如：电影《西虹市首富》上映的时候，我写过一篇文章叫《西虹市首富：你和金钱关系有5个层次，你在哪一层？》，阅读量达到了几百万次。

4.对自己的成长进行阶段性的回顾。

比如：你辞职了，可以写一篇文章总结这段职业生涯。我当时写过一篇很火的文章叫《离开腾讯一个月，我照样可以赚10万》。

持续输出还要面临的一个很重要的问题就是你自己的心态：60分开始，关键是不要放弃。

说实话，我的文章一开始写得那叫一个烂啊，最早给媒体投稿的时候，只写了500字就把想要写的话给写完了。我公众号早期的一批读者经常会反馈说："看你的文章刚找到一点感觉就没有然后了。"

我后来慢慢地才把一篇文章的字数从500变成了1000，从1000字写成了3000字。

我在写文章的过程中不止一个大V跟我说过："贺嘉，你其实更擅长做活动，不擅长写文章，你要不还是别写文章了。"

即便是这样，我还是没有放弃。**不放弃的原因也很简单，只要我持**

续写持续改进，我的文章一定会越写越好。如果听从他们的建议，放弃了，我就永远这么烂了。

现在，我的全网粉丝量破了100万，而且我还出版了一本书叫《表达力》。

$$\bullet\ \bullet\ \bullet\ \bullet\ \bullet$$

个人品牌如何变现？

有不少人做个人品牌的目的是短期快速变现，最好能够日入过万元，或者月入10万元。但我的观点是，这种想短期变现的心态是有问题的，会让你走上更急功近利的道路，甚至你很有可能会被一些非法集资和诈骗带沟里去，给别人当了"韭菜"。

做个人品牌，是一个长期创造价值的过程。

说一个我自己的真实故事吧。当时在珠海，我开了个公众号写"有意思的珠海人"。有一次，我采访了当时的金山副总裁陈飞舟。那篇文章被很多金山的同事和前金山员工转发，阅读量有6000多次。

当时还有一个导演找到我说："贺嘉，有机会我们合作一把。"后来他给我介绍了一个写剧本的活儿，让我赚到了1万块钱。作为一个程序员，我从来没想过，我有一天还可以靠写剧本赚到1万块钱。当时还有一个创业者拿了IDG资本的A轮投资，因为这篇文章认识了我，在我从银行离职以后，给了我一个市场总监的工作邀请。

这里真的非常感谢陈飞舟老师，因为他愿意接受我的采访，这件事也给我后续打造自己的个人品牌带来了很大的信心。

在我看来，要想做个人品牌带来收入分为4个阶段。

第一个阶段：因为你写的文章，你身边的人对你有了更新的认识，这个时候个人品牌带来的收入低于一个月1万块钱。他们可能会给你推荐一些职业上的机会，或者说有一些工作上的项目找你合作。

第二个阶段：当你的关注者多了之后，你有机会接广告或是参与一些创业项目。这个阶段的个人品牌收入在3万—5万元。

第三个阶段：通过为企业服务或者做咨询培训进一步变现。你可能会开始招募一个助理，这个时候你的个人品牌的收入会达到10万元，甚至10万元以上。

第四个阶段：团队化运作你的个人品牌，你的收入才有可能达到单月100万元以上。

很多人连持续输出都没有做到，就想要一个月赚三五万元，这完全是不可能的。在做个人品牌变现这件事上，我经常见到的一个误区就是，很多人算一算觉得自己不可能赚到钱，就放弃了。

其实，我们要关注的不只是未来，更重要的是当下。**因为不关注当下的人，根本就没有未来。**

3 成交：立信任

成交过程中，感觉抓不到客户的点怎么办？

●

公司里刚入职上手做成交的同学会跟我反馈说，在帮客户解决问题的时候，总是感觉讲不到点上。

简单来说，这个方面考验的就是你把握客户痛点的能力。

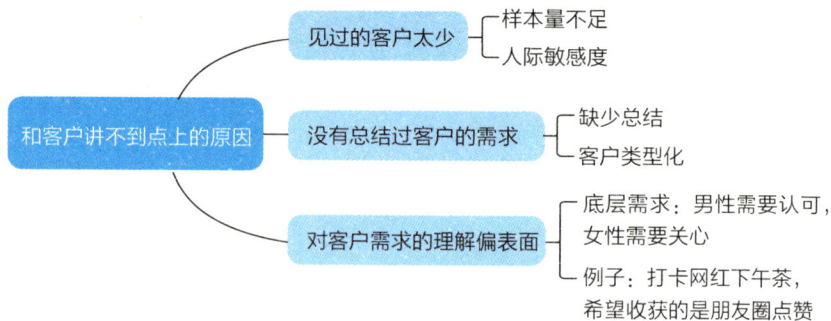

```
                      ┌ 见过的客户太少 ─┬─ 样本量不足
                      │                └─ 人际敏感度
                      │
和客户讲不到点上的原因 ┼ 没有总结过客户的需求 ─┬─ 缺少总结
                      │                      └─ 客户类型化
                      │
                      └ 对客户需求的理解偏表面 ─┬─ 底层需求：男性需要认可，
                                               │   女性需要关心
                                               └─ 例子：打卡网红下午茶，
                                                   希望收获的是朋友圈点赞
```

我们所面临的问题里，也包含着答案。

第一：见过的客户太少。

在统计学里会强调一个样本量，如果你见过的客户只有个位数，你当然不知道客户心里想的是什么。这里还涉及另外一个概念，叫人际敏感度。比如有一部分做成交的同学，对于人际先天就很敏感，他们很清楚每一类客户可能对什么东西感兴趣。但有一些做成交的同学，虽然以后也有可能会成为金牌销售，但他们的人际敏感度却偏弱。

第二：没有总结客户的需求。

对于客户需求的理解，其实是一个不断迭代和提升的过程。不同类型的客户其实有相似的需求，做好总结会让我们事半功倍。

举例来说，演讲课的学员里，存在最常见的两个问题：一是怎样做好演讲拿融资；二是怎样做好团队激励。

我们有意识地总结不同类型客户的共性需求的时候，就意味着我们有机会一次性搞定一群客户。**这就是销售领域很重要的一个概念，叫作客户类型化。**

第三：对客户需求的理解只停留在表面。

为什么有些女性客户喜欢买奢侈品呢？因为她们希望通过外在的物品来提升自己的幸福感，让身边的人羡慕。

为什么很多女生喜欢去一些网红下午茶打卡？因为对于这些女性客户而言，发朋友圈收获社会认同的需求大于消费本身。

就像很多情感教练会告诉你的一样，男性渴望的是认可，女性渴望的是关心。

我们越能把握客户深层次的需求，就越容易成交客户。

● ●

总结客户需求的一个工具——"客户10问"。

客户经常面临的问题，一般不会超过10个。**为了提高自己抓住客户痛点的能力，我们可以试着总结一个"客户10问"。**

比如，演讲私房课的客户面临最多的问题是这10个：

1.演讲紧张。

2.说话没有条理。

3.不知道如何吸引客户的注意力。

4.不知道怎样表达得更简洁。

5.不知道如何快速搞定客户。

6.不知道如何更好地调动现场的氛围。

7.讲话太干巴，情感太平淡。

8.不知道如何有效地激励员工。

9.不知道如何做好即兴演讲。

10.不知道如何更好地打造自己的个人品牌。

尤其是公司新来的同事，我会要求他必须先总结一个"客户10问"。

· · ·

客户类型化，一次搞定一群客户。

"客户类型化"其实是在保险销售过程中运用最多的方法。

举个简单例子：全职妈妈在生完二胎之后，往往会有给自己和小孩购买保险的需求。全职妈妈在小孩5岁左右，小孩对她的依赖度没有那么高了，就会考虑回归职场，所以她们中有一部分人会选择进入保险行业，成为保险代理人。在小孩5—10岁时，家长对于海外教育的需求开始出现。

处于事业早期或者30多岁的职场骨干，他们考虑购置的第一份保险产品往往是重疾险。

年龄在50岁左右、接近职场生涯后半段的中高层，他们往往有养老相关的需求。

创业5年以上、事业有成的企业家，往往在家庭财务风险和企业财务风险的分割上有一定的需求。

对于有经济基础的人而言，资产的全球化配置，以及实现家族财富的传承，是他们的核心需求。

以上这些，就是根据共性需求总结的客户类型化。

那么如何根据这些类型客户，实现一次搞定一群客户呢？一般来说，一个现有客户身边至少有5个类似的潜在客户。分类总结客户的需求，你的回答也会越来越专业，从你找客户变成客户找你。

••••

借助马斯洛需求层次理论，把握客户人性层面的需求。

最底层的是生存的需求，其上是安全、社交、尊严，再上一层是自我实现。

《鬼谷子·权篇》中也说过："与贵者言，依于势；与富者言，依于高；与贫者言，依于利……"

也就是说，我们与有社会地位的人沟通时要讲趋势，与有财富的人沟通时要讲境界，与收入一般的普通人沟通时要谈利害。

结合不同的产品定位，我尝试总结了3类产品背后的人性需求。

不同产品背后的人性需求

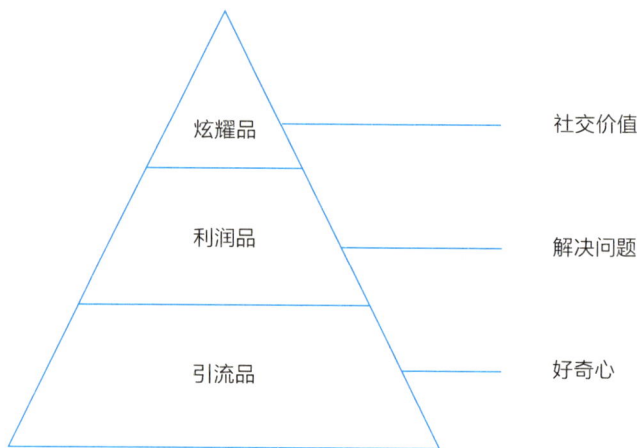

炫耀品	社交价值
利润品	解决问题
引流品	好奇心

"引流品"满足的是客户的好奇心。

举个例子：

如果你去看一个免费的短视频，大半是出于好奇心。如果你去买个9.9元的线上课，你也不会想从里面能收获太多的价值，更多的只是为了看看这个老师讲的东西到底是什么，有没有你感兴趣的。

"利润品"的核心在于帮助客户解决问题。

举个例子：

我的客户报名客单价5800元的线下"贺嘉演讲私房课"，核心是为了解决自身演讲紧张、缺少条理性、不够自信的表达问题。

你花钱找一个装修设计师，是希望解决室内设计的问题。

创业者给自己购买保险，有的时候其实只是希望给家人一份保障和安全感。

"炫耀品"的核心是提供社交价值。

你买了一辆普通的车，可能不会发朋友圈。但如果你买了辆特斯拉，就大概率会发朋友圈，为什么呢？因为买特斯拉一方面体现了你的经济实力，另一方面会在你的朋友圈里传递出你是一个科技先锋的信息，给人们一个你愿意尝试创新产品的积极的社交印象。

很多创业者很愿意在朋友圈里发自己读商学院的照片，也是因为它会传递出你归属于一个优质圈层的这种社会认同感。

小结

在客户付费过程中，他的社会心理动机往往比单纯买产品、功能、价格更为重要。**"富贵不归故乡，如衣锦夜行。"**

如何提升一对一咨询帮别人解决问题的能力？

•

在打造个人影响力的过程中，一对一咨询能力特别重要。

一方面，你可以从一对一的咨询中积累足够多的客户案例，作为你公开分享的素材来源；另一方面，你的一对一咨询的定价，会成为一对多产品的一个"价格锚"。

最重要的一点是，通过一对一咨询，你可以快速地训练自己帮别人解决问题的能力。

我自己作为一对一咨询顾问，帮助超过200位高管解决过他们的问题，但同时我也咨询过超过50位各行各业的顾问来解决我自己的战略、营销、管理方面的问题。

一个优秀的顾问，应该具备以下3点能力：

1.筛选+找到合适的客户；

2.快速诊断问题；

3.分享真实案例+提供靠谱的解决路径。

● ●

咨询顾问的难点是，在给出解决方案后，做不做靠的是客户。

撇开有些咨询顾问不靠谱，给的方案不能落地的情况，很多人咨询之后又花了钱却没出结果，是因为他们没有采取行动。

而一个真正厉害的咨询顾问，一定会去筛选自己的客户。为什么呢？

用价格筛选，一方面可以筛选出那些有实力的客户，另一方面也可以筛选出那些行动意愿强的客户。这样的话，你的方案更容易落地出结果。

如果你是一个好的顾问，你碰到了差劲的客户一样没有结果。要激发客户行动的意愿也不是不行，但是一般来说比较难做到，所以更好的方法就是筛选出那些两点兼有的人。

我有一个朋友是做流量转化的咨询顾问，他的方法很简单，就是在他刚到某个城市的第一周，会每天请当地的朋友帮他组7个饭局，一周7天一共能见到70位创业者。

在饭局上他并不会推销自己，相反，他只会讲一下自己的案例，吸引一些潜在的客户。他在不缺客户的情况下去做这件事，其实是为了吸引更多的潜在客户，然后才有机会筛选出更合适的客户。

好的客户不是被激发出来的，而是被筛选出来的。

• • •

快速诊断问题的背后是对客户的洞察。

很多时候客户对你描述的一个表面问题，并不是真正卡住他们的地方。比如，一个人焦虑，其实往往是因为他想要的太多，能力又不够。

再比如，很多创业者面临的流量问题，其实根本不是流量的问题，而是转化率的问题。因为产品本身不够好，转化率不够高，所以没有办法花钱去买流量，投放越多，亏得就越多。但是，如果你的产品足够好，转化率高，你花多少钱去买流量，你都是赚钱的。

对于客户的洞察这件事，是可以训练的。**我们多问一问自己："这件事背后的原因是什么？"**

比如，在亲密关系里面，男生需要的是认可，女生需要的是关心。

比如，我们看到超市的一个东西价格是19.9元，其实，这背后就是价格对于客户购买心理的影响，我们会觉得19.9元是不到20元。

• • • •

好的顾问一定有大量的案例，同时有靠谱的落地方法。

很多创业公司喜欢招聘大公司的总监，为什么呢？就是因为大公司的总监有能完整地搭建一套体系的经验，这往往是快速成长期的小公司最需要的东西。

其实，一个顾问的功力还体现在他见过和了解过多少种不同的做法。这里有一个很重要的基本功就是案例的积累，一方面是他看过和分析过多少别人的案例，另一方面就是他自己操盘和实践过的案例。

好的咨询顾问特别擅长从一个个的案例中总结出一个通用的框架。

比如，通用电气的管理顾问拉姆·查兰博士就把他对通用电气几十万名员工管理、人才培养的理解，总结成了一个通用的领导力的模型，写成了一本书《领导梯队》。

从个人贡献者到一线经理、部门总监、事业部副总经理、事业部总经理、集团高管、首席执行官，他把领导力发展的核心阶段分成了6个层级，每一层级有不同的领导力的职责。比如，个人贡献者，核心的职责有3条：一是做计划，二是激励，三是为结果负责。部门总监要负责的是确保基层管理者的履职，以及组织文化的建设，还有资源的调配等。

我们的方法论，一方面可以来自一些经典的管理学和领导力的著作，另一方面来自我们对案例的总结。

小结

　　筛选合适的客户，快速诊断问题，结合案例给出可落地的方法论。**这是一个优秀的咨询顾问必备的3项能力。你帮客户解决问题的能力越强，你的收入就会越高。**

销售最厉害的招数都有哪些?

你是不是在成交过程中也会遇到这些问题:

"你们产品怎么卖这么贵?"

"我考虑考虑,下次再下单!"

"给我们再多做一个××方案,就不加预算了……"

其实,客户之所以会出现以上这些情况,要么他们不是你的精准客户,要么是你在产品介绍和成交的过程中存在一些问题,没有讲到位。

销售的套路千千万,今天挑3个我认为很厉害的招数跟大家分享一下。

●

利用"社会认同"激发客户下单。

每个人的朋友圈里都会有几个微商，也都看到过他们在朋友圈里晒他们买的豪车。我们有没有思考过，**微商们为什么要买豪车？**

其实不仅是微商晒豪车，以前的一个学员，做过两年的成功学的培训，他把他大学毕业两年赚的钱全部用来买了一辆宝马，最后跟我说没有攒下什么钱。

晒豪车的背后其实是运用"社会认同"的力量，就是为了告诉大家他们有很多客户，而且客户很牛，大家可以相信他们。

晒豪车、晒收款记录都属于这一类。但是，因为这个套路被一部分造假的微商用得太多了，导致客户会有逆反心理，效果反而不好。

那么，我们可以怎样正确地运用"社会认同"呢？

作为一个培训师，我们服务的不少客户是大型的企业，他们很看重"谁是你的客户"。我自己就亲身经历过。之前有一个BAT的总监找我去辅导他们的老板，但是聊了一会儿就没有下文了。

但过了一周，我把辅导携程董事长梁建章的场景拍照发到了朋友圈。这个BAT的市场总监又主动来找我说："贺嘉老师，我们来谈谈后续怎么合作……"最后我们达成了一个10万元级的演讲辅导合同。

所以，大家下次也可以用一下这个要点：权威背书+现场合照。

对于小白而言，可以发客户的好评。

有些人会说："我没有这种很厉害的大客户给我背书，怎么办呢？"

教你一招儿——**普通客户对你的好评一样很有价值。**

客户好评的要点：你帮他解决了什么问题。

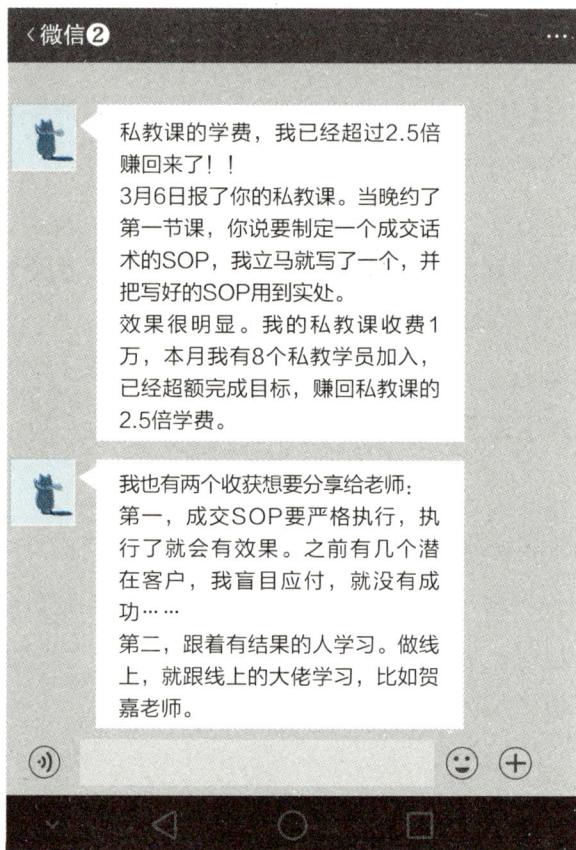

私教课的学费，我已经超过2.5倍赚回来了！！

3月6日报了你的私教课。当晚约了第一节课，你说要制定一个成交话术的SOP，我立马就写了一个，并把写好的SOP用到实处。

效果很明显。我的私教课收费1万，本月我有8个私教学员加入，已经超额完成目标，赚回私教课的2.5倍学费。

我也有两个收获想要分享给老师：

第一，成交SOP要严格执行，执行了就会有效果。之前有几个潜在客户，我盲目应付，就没有成功……

第二，跟着有结果的人学习。做线上，就跟线上的大佬学习，比如贺嘉老师。

对于一个客户而言，没有什么比看到其他客户在你这里解决了问题，更让他动心的了。

给客户危机感，这是美容院等机构的常见套路。

"给客户危机感"顾名思义就是让客户产生危机意识，告知客户不这么做会有什么严重的后果。

举例如下：

顾客："以前脸上长过痘痘，后来痘痘终于好了，却落下了难看的痘印，试了很多种方法也好不了，怎么办呢？"

美容师："首先，很遗憾地告诉你痘疤如果要彻底消失，需要很长的一段时间。（给客户危机感）可以通过激光磨皮手术来解决。当然，这要在非常专业的医院来做，比如我们这里。"

其实，不仅仅是美容机构会这么做，一些做学历提升的培训机构也会这么做。套路同样是"下危机"，就是告诉你不提升学历会怎么样。

举个例子："**小青，凭你现在的专科学历很难在外面找到工作，连硕士都找不到工作，更何况你呢？**（给客户危机感）再说专科生找到了工作也就月薪3000元，搞一个本科学历，说不定月薪就是5000元了。"

这种营销套路，对于家长也特别有用——"现在不多补课，就考不上重点中学了。""别的孩子琴棋书画样样都行，现在不学就要输在起跑线上了。"

"下危机"这种营销套路，实际上就是利用人性的恐惧。我个人不太认同这种营销方式，但是可以把它作为一种套路揭示出来，让大家避免上当受骗，也希望市面上少一些利用人性恐惧赚钱的公司。

• • •

客户精准化、类型化，提高成交的效率。

很多时候销售方法没有问题，销售人员的状态也没有问题，但为什么没有成交呢？是因为客户不够精准。

之前一个阿里巴巴的销售可能两天才能成交一个客户。如果按照他们的方法，做到一天能成交两个客户，这就意味着公司的收入会翻4倍。

不仅如此，他们还会按照行业来集中突破一类客户。他们会找到阿里巴巴这种对于外贸服务有需求的中小型企业，比如在广东顺德做电器类的就很多，他们会围绕电器类的企业做外贸的需求，针对性地集中突破一类行业客户。

客户类型化就是找到有相似需求的客户，满足他们的共同需求，搞定一群客户，连点成线。

我之前看过平安保险有个销售冠军叶云燕写了一本书《给成交一个理由》，她讲到她每年会组织一次企业家的年会，里面一半是她的老客户，一半是她的新的潜在客户，主要也是企业家。

她帮助这些企业家互相介绍资源促成合作，在这个过程中，这些企业家也愿意给她介绍潜在客户。所以，在厦门的上市公司里大约有一半的高管都成了她的客户，她大概在10年前就实现了年薪千万元。

做好客户类型化，你要问自己以下几个问题：

1.我的客户年龄和收入是怎么样的？

2.这群客户在哪儿？线下活动还是线上社群？

3.他们在我这个服务上核心的痛点是什么?

4.他们对于购买这个服务的顾虑有哪些?

5.我如何提供超出竞争对手的服务,而且产品价格要比他们低一半?

小结

以前我严重低估了销售,现在我发现销售要么混得很惨,要么身怀绝技。

其实,客户的需求就在那里,钱就在那里,是什么阻止了你去赚到这笔钱呢?**对于真正厉害的销售而言,真诚是最大的套路。**

如何通过线上成交10万元级的大客户？

·

　　说到线上成交，很多做咨询培训和保险行业的朋友都会摇摇头——**线上是趋势，但线上没有办法成交大客户。**

　　其实，你错了，是因为你做线上成交的方法不对。

　　有一个年薪百万元的培训师朋友这么跟我说："你跟我说要做线上，线上不就是卖那些9.9元的直播课或者几百元的训练营吗？能挣什么大钱呢？"

　　还有一个年入千万元的保险业的资深总监跟我聊过："我也知道，线上营销是未来的趋势，可线上的流量实在是太不精准了，很多客户年收入连50万元都没有，他们怎么可能买得起我们的产品和服务？"

　　线上成交不了大客户，是你的方法不对。成交的背后是信任。

只要客户重复3—4次看到你，而且又有需求，就一定会成交。线上的营销可以让我们更多地被客户看见，从而带来更快的成交流程。

传统线下大客户的销售，有多次客户拜访的环节，根据项目金额的不同成交周期，从三个月到半年甚至一年不等。

我们认真想一想：是不是每一个环节都有必要去进行线下的一对一的见面呢？ 答案是否定的。

线上并不是要取代线下，而是为了帮助我们更快地成交。

299元带来20万元收入：线上获客+线下签单模式。

在我看来，线上和线下的成交并不是互相取代的关系，而是未来必定会发生融合。

讲一个我的真实故事。之前，我的演讲训练营有段时间价格很便宜，只卖299元。

当时有一个知名互联网公司的总监，她从我的朋友圈看到了这个训练营就报名了，由于时间问题没有听完，但是她听了两节课后觉得我还不错，所以就把我推荐给了公司其他人，后来我和这个公司签了一个20多万元的演讲辅导合同。

线上其实可以获得高单价的客户，前提是你要跟有结果的人学，掌握正确的方法。

我前段时间和一个年营业额在7000万元左右的连锁烘焙学校的创始人交流。他的线下客单价在5000元左右，甚至1万元。之所以不做线上，是因为觉得线上的客单价太低，看不上这几百元的收入。

我后面跟他讲了一个观点，他就给我打了3万元成了我的私教学员。**我这么告诉他：不要把几百元的线上产品当成你的利润产品，你要把它融合成你的高单价线下课成交流程的一部分。**

传统高单价成交：

线下多次拜访	→	合同签约

线上获客 + 线下签单模式：

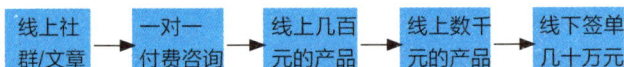

线上社群/文章	→	一对一付费咨询	→	线上几百元的产品	→	线上数千元的产品	→	线下签单几十万元

客户在线上花几百块钱，却感受到了几千元的价值；客户对你有了一定的信任之后，你再去成交他几千元的线下课，成交率一定能够提升1—2倍。

其实不仅线下培训行业可以用这个线上获客+线下签单的模式，保险销售、咨询、法律援助也可以用这个模式。

我们在线上获得的不是利润，而是信任。信任会让你的线下成交变得更容易。

多输出，让客户看到你3—4次就会成交。

我之前有一个客户是建筑业的中层，百万年薪，他成为我的客户的过程特别有意思。

起先是他在某个公众号里看到过我的文章，可能觉得只是听过这个老师，并没有什么感觉。之后，他在京东的首页又看到了我的新书《表达力》，这个时候他对我的好奇心又多了一些。随即，他的同行有一家上市公司的董事长在朋友圈里推荐了我的书。

因为他本来就想学习演讲，而且他朋友圈里的推荐让他产生了强烈的好奇心："这老师是谁啊？为什么这么多地方都能看到他？"

为什么要让大家在线上输出干货？就像我为什么要写这篇文章一样，是为了给客户提供价值。

给客户提供了价值，他们就会对你有信任；客户多次看到你，又会加强这份信任。

《销售巨人》这本书里讲，"在高单价的销售里面，成交率高的销售平均只会提出1.3次的成交请求。而成交率低的销售，平均会提出3.1次的成交请求"。

真正厉害的成交，是你开口之前就知道客户愿意买单。

线上可以让客户更多地看到你，从而加速信任的构建。**如果你也想在线上成交大客户，我希望你记住这句话："成交的背后是信任。"**

4种方式，快速建立和客户的信任

●

我曾经对我团队的成员说，在正式成交之前，我们首先要回答客户一个问题：客户为什么要买？

这个问题的背后，是看你有没有发现客户的痛点，能不能洞悉他的潜在需求。客户对你的信任，与你抓痛点的能力是相关的。

如果你是一个新人，没有那么多人为你背书的时候，你可以找准客户痛点，讲到点上，会直接影响客户对你的信任。

很多销售刚见到潜在客户，就开门见山地介绍产品。这种思路是不对的。你优先强调的，应该是你的客户面临着什么样的问题。

我见过一个保险经纪人，他很厉害的一点就是，不会直接讲要推荐你买什么保险。相反，他会告诉你，保险这个领域里面坑很多，都有哪些坑。比如，很多保险销售会推荐××理财型的保险，实际上特别坑……他就是洞察到了客户的痛点，在沟通的开始建立信任。

你每次尝试开口之前，都要先给对方一个听你讲话的理由。比如，我是收纳专家，我想要售卖自己的收纳服务，客户为什么要买呢？

我可以说：因为现在房价这么高，大多数人的家都是小户型，房间会比较拥挤。（痛点）客户请人来帮忙设计收纳方案，可以让家里的面积在现有的基础上，看上去大50%，省下几十万元。

以我个人为例：

我发现很多人都有沟通困难症，要么不敢开口，要么说不到点上。这就是痛点，是需求。我是演讲教练，我可以让你通过演讲提升自己的沟通效率，让你的演讲做到"愿意听""记得住""能传播"，让你扩大自己的影响力。

这就是你为什么要买我的服务。

这是构建信任的第一种方式：抓住客户痛点。这里的关键点就是，根据对方的痛点、需求，激发对方的兴趣，再说出我能提供给你的价值。

• •

找到客户的痛点，让他们知道购买这项产品的必要性，可是为什么要跟你买呢？客户为什么要在你这里购买服务呢？

这是构建信任的第二种方式：找到背书。背书可以看作是社会认同。

比如，想想你曾经服务过多少人。我有个学员是营养师，她说，她已经帮1000多个家庭养成了健康的膳食习惯。这就是在说：我已经帮助了1000多个家庭，我还会坑你吗？这就是社会认同。

如果你在做短视频运营，你也可以说自己服务过多少家公司，制作了多少个视频，效果好的分别收获了多少个赞。

你的背书，可以是一些权威的认证。

这时，你就可以说出自己服务过的最厉害、最有权威性的客户。比如，我会在自己的介绍中说，我曾经辅导过长江商学院CEO班，还为腾讯、华为、携程等大型公司提供过服务，同时也是一些明星的演讲教练。

如果你没有这些权威的认证，你就应该思考一下：怎样才能得到这些比较权威的人的认可？

比如，你可以强化自己的专业技能，并且努力让更多人能够看到你，吸引那些比较厉害的客户。这个投入产出比是很高的。因为以后这些权威会一直为你背书，证明你的专业程度。

在背书的时候，你也可以给客户一些**承诺**，比如承诺自己的服务质量，并且一定要做到。

比如：淘宝有7天无条件退货；百果园会对顾客承诺，不好吃可以退货；奈雪的茶承诺，如果不好喝，顾客可以拿没喝完的茶重新换一杯新的。

你可以说，如果多少时间内客户觉得没有效果、不满意，就可以全额退款。这也会让客户更愿意跟你买。

• • •

第三种构建信任的方式：通过自我袒露来建立情感链接。

什么是自我袒露呢？自我袒露也称为自我暴露、自我揭示，就是指人们自愿把自己真实的想法、经历、缺点告诉别人，向别人说心里话。

怎样进行自我袒露呢？可以讲自己不擅长的方面。

举个例子，面对中高层管理者，你可以说："我不太擅长建立情感链接。"面对状态有点低迷的人，你可以说："我赚钱的欲望有一搭没一搭的。"面对远离职场多年和粗线条的男生，你可以说："我数学不太好，算账算不清。"

当然，需要注意的是，自我袒露的内容是那些无伤大雅的缺点。

你如果是一个销售，你想跟客户自我袒露，就不能说："说实话，我的能力不是很专业。"客户听了，心就悬了，这信任也不需要构建了。

• • • •

第四种构建信任的方式：表达认可。讲出对方的一个优点。

每个人都会喜欢那些和自己相似的人，以及赞美自己的人。

我们在夸别人的时候，要注意说出一个细节。如果没有细节，我会觉得你是为了我的钱才夸我的，并不真诚。

以上就是构建信任的4种方式：找准客户的痛点，权威背书，情感链接，表达认可。

最后，构建信任的过程中，还要注意的一点是管理客户的预期。

客户体验=服务－预期。你的服务超出了客户的预期，客户就会超出预期。

我有一个学员是一所国际学校的教务主任，他会做一件事，就是在第一次见到家长的时候和家长说清楚，学校不许×××，不许×××，不许×××……通过这种方式，降低家长的预期。如果家长们预期太高，后续不能全部满足和实现，就会出现退费情况，更会影响学校的口碑。

我以前在服务客户的时候，就常常会犯一个错误：过度服务。导致客户觉得我的时间不值钱，还会提更多的问题。现在我知道了，面对客户额外的需求，我会说：**这个需求不是不可以，不过要加钱。**

4个步骤，让你快速成交高单价客户

在成交低单价产品的过程中，客户自己看了产品介绍和客户案例可能就直接下单了。

那么，如果是高单价的产品，怎样和客户成交呢？

•

第一步，优化成交的心态。

1. 了解客户的需求。

你可以做一件事来了解客户的需求：客户类型化。我会把我的客户进行类型化整理，比如创业者的需求是什么，职业经理人的需求是什么。

面对不同的客户，先把客户类型化，能更好地了解他们的需求。

2.为什么不好意思收熟人的钱？

你没有意识到你在给别人创造价值，而是感觉在推销自己。其实，熟人愿意付费，是对你能力的认可。你收费之后，给对方提供优质服务是一种责任。

3.不要过度服务。

我有个学员是做营销顾问的。他有一个很重要的问题，就是与线上引流来的客户能聊一个小时，但是完全没有提到自己的产品。

4.不要过度推销。

有些人的问题在于过度服务，有些人的问题却是过度推销。这个度很难把握。但很多保险经理人能非常容易做到。30分钟的对话，你可以先花15分钟提供价值，再花5分钟过渡，最后花10分钟讲产品。

我可以讲一个真实的案例。

我成交团队的成员"牧羊人"，遇到过一个腾讯退下来的部门总经理，这个客户肯定是有付费能力的。"牧羊人"就和他聊了40分钟，天南海北地聊，但最后却没能成交。

为什么呢？

因为"牧羊人"没有引导他，完全就是闲聊。聊了很久之后，"牧羊人"意识到不能再这么聊下去了，就直接扔了一个海报和付款二维码。这么生硬，当然成交不了。

5.比起单次得失，更要看重成交复盘带来的成交能力的提升。

为什么要复盘？因为通过复盘，我们可以知道在这次成交中做对了什么。同时，我们也可以反思做得不恰当的地方，在后续继续优化。只有不断"成交—复盘"，我们才可以形成属于自己的方法论，提高成交能力。

· ·

第二步，定价策略——给客户一个马上下单的理由。

你一定听客户说过："好的，我明天给钱。"然后，就没有然后了……

通过定价，我们可以给客户一个马上下单的理由。经过我的多次亲身实践，这个是真的很有用的方法，所以你一定要记住。

比如，这个月你只为30个客户服务，名额满了，其他客户就只能往后排队了。如果你的课程只招收300人，招满了，客户就只能等下个季度了。

再比如，阶梯涨价：每××人，涨价××元。比如，每500人涨价50元，或者限时买赠、限时折扣。这种限时优惠的策略，其实利用的是人们厌恶损失的心理。晚下单就意味着要多交钱。

· · ·

第三步，朋友圈文案框架：如何激发咨询。

为什么要用朋友圈文案框架来激发客户咨询？

因为我们有时遇到的一些客户，他们和你聊着聊着就去忙别的事了。这时，如果你主动去找，就会处于被动的劣势，他们知道你是来劝导他们付费的。你要做的是激发咨询，让他们主动来找你。

朋友圈的文案，其实也是建立信任。

有哪些发朋友圈模板呢？

我常用的模板有：发一张自己在读的书的图片，配上图中有启发性的金句，这是为了展示自己积极向上的形象；还会在朋友圈发每日复盘，在复盘中植入产品。

每天写复盘其实并不难，你只需要写两三点就行。90%的人都做不到每天坚持复盘，所以你能做到就会很吸引人。

朋友圈还可以留1/4的部分来发你的生活动态。生活动态会让你的形象更立体。当然，朋友圈发短视频的效果会比一般图文更好，互动率在200%左右。短视频剪辑也很好上手，剪映APP就很简单易操作。

另外，你还可以在朋友圈发表观点的时候做一些有奖互动。在微信列表里，客户如果没有跟你互动过，你发朋友圈的时候他们可能会看不到。所以，你可以通过从点赞的人里抽3个发红包的方式来跟客户互动。

最后，你还可以发客户改变的朋友圈。在这里给你一个模板：起点低（一句话）+过程苦（一句话）+结果好（最好有数字）。这样的朋友圈可以吸引客户的咨询。

发客户改变的朋友圈时，你可以用一个技巧，就是描绘出愿景，比如：××位客户通过×××，实现了×××，你也想拥有这样的方法吗？想要的朋友可以在评论区打一个"想要"。

回复你的人都是有意愿的，你可以经过初步筛选，然后一对一去服务，成交的效率又提高了。

再分享一个发朋友圈的冷知识——发朋友圈的3个时间段：上午11：30，下午5：30，晚上9：00，这3个时间点看朋友圈的人是最多的。

• • • •

第四步，高客单价成交SOP。

激发了客户咨询之后，怎样沟通能提高成交率呢？

我有一个学员是做写作教练的。她当时跟我说："贺嘉老师，我做知识付费两年了，客单价一直是799元。我想尝试高单价的私教服务，怎样能成交呢？"

我让她报名了"批量成交研习社"之后，给她打了个电话，教了她高单价成交话术：

诊断问题＋描绘愿景＋督促下单。

这个话术出自SPIN[①]**销售法，整个过程保持在20—30分钟比较合适。**因为如果时间太短，不足以构建信任；如果时间太长，成本增加，不值得你花时间去做。

---

① SPIN 是情景性（Situation）、探究性（Problem）、暗示性（Implication）、解决性（Need-Payoff）4个英文单词首字母的合成词。

1.诊断问题：

最常见的话术就是：你是不是也有××××的问题？我之前遇到的一个客户也有……

2.描绘愿景：

为什么要描绘愿景？

因为你在让客户掏钱。对客户来说，掏钱是一个损失的过程。你必须让他们的收获大于损失，他们才愿意下单。

描绘愿景并不难，主要就是告诉客户做到了有多开心。你可以从两个方面来说：第一，收入增加×%；第二，不再有××问题。

举个例子："如果你用了我的管理方法，你在忙的时候，他们可以帮你一天成交3—4个，一个月赚3万—4万元。你想要吗？"

3.督促下单：

举个例子："我的管理诊断平时一次收费5万元，现在有个优惠价1000元/小时，仅限今晚。"

如何用3句话搞定BAT级大客户？

你认为什么职业最需要表达能力？

相信很多人都会觉得是销售。

但其实不是，每个人的工作都需要有一定的销售能力。

销售，本质上是在销售你自己和产品。向上汇报，其实是在销售你的方案和思路。招聘人才，其实是你在向优秀员工销售岗位所能带来的机会。

我从销售的角度和大家分享一下怎样提升自己的表达能力。教大家一个技巧，3W法——问自己3次为什么（why）。

一个好的销售，要回答客户的3个问题：

1.为什么买？

2.为什么跟你买？

3.为什么现在买？

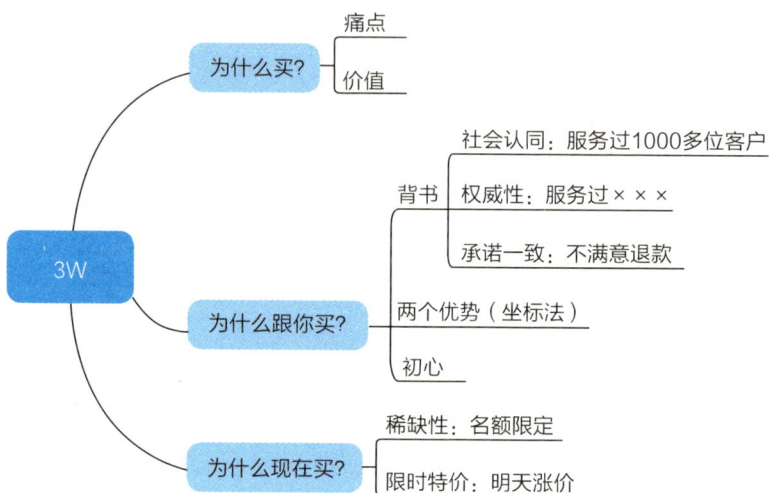

第一个问题：**为什么买？**

这个问题是看你有没有发现客户的痛点，能不能洞悉到他的潜在需求。

比如，我的大多数学员在表达方面都有自己的问题，这就是痛点，是需求。那么，我作为演讲教练，提高学员的表达力，就是我可以提供的服务。我能够让学员的表达做到"愿意听""记得住""能传播"，所以，他们愿意购买我的课程。

这就是3W法的第一个why——"为什么要买？"这里的关键点就是，**根据对方的痛点、需求，说出能提供给对方的价值。**

· ·

第二个问题：**为什么跟你买？**

客户为什么要在你这儿购买服务呢？这里有3个技巧。

第一个技巧就是，你要找到能为你背书的人。背书可以是一些社会认同，可以是一些权威的认证。

第二个技巧就是，**利用坐标说出自己的优势。**

在坐标上，把你自己放在第一象限，横轴、纵轴分别设置一个维度。维度就是，你和竞争对手相比，自己的两个最显著的优势是什么。

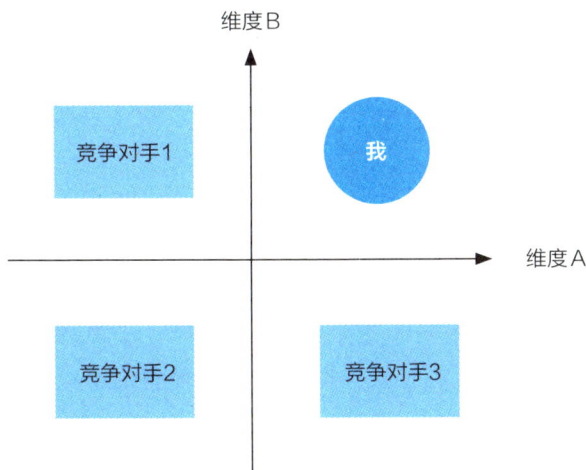

比如，华为的高端系列手机，它的两个优势是拍照技术强以及价格优势。P30款手机还能拍月亮，并且申请了专利，这就是别的手机比不了的地方。

像小米手机，虽然比华为手机便宜，但是拍照功能需要提升；苹果的拍照功能虽然也不错，但是价格太高了；至于土豪专用手机8848，拍照也不行，价格也没有优势。

所以，在价格优势和拍照技术上，华为手机就能在竞争对手中胜出。

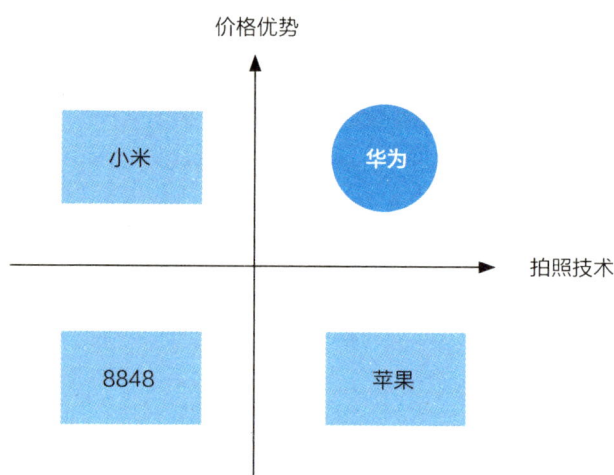

大家看明白了吗？

我们需要通过坐标这么一个视觉化的工具，来展现自己和别人有什么不一样。在面对客户的时候，也可以简单地把这个坐标画出来。这就是一个很视觉化、很能吸引人的点。

你帮客户找好了选择你的理由，客户就不用再花时间思考要不要选择你了。

第三个技巧就是，**讲初心**。

初心是很能打动客户的。比如，别人创业可能是为了赚钱，马云创立阿里巴巴的初心是让天下没有难做的生意。这么一说，是不是听上去就高级多了？

你现在可以回忆一下，你的人生有没有什么关键时刻。**在那一刻，你产生了这样的想法：想帮助什么人，做出怎样的改变……**

再比如，我在辅导某公司CEO演讲的时候，对方说我帮他找到了人生的使命，他想为行业做些事情。那一刻我也受了影响。在接下来的人生中，**我想影响**100万名高管学员，**帮助**100家企业**获得**行业的话语权。

· · ·

第三个问题：**为什么现在买？**

这个问题其实是给客户一个马上下单的理由。

首先，你可以**强调你的产品的稀缺性。**

以武夷山的大红袍为例，大红袍只有3棵长在悬崖上的母树，每年的产量特别有限，20克可以拍卖到十几万元，从2005年以后就已经不采摘了。

这个产品足够稀缺，在有消费能力的情况下，一般人是愿意购买的。

除此之外，你还可以**运用价格策略**，就是告诉他这个产品折扣是限时的。

比如，你可以告诉客户，这个优惠只在国庆节才有，或者只在春节才有。我们在销售线上课程的时候也会用，比如原价1299元，现在价格优惠了1000元，只限前100人。

经过我的多次亲身实践，这个策略真的很有用。所以，你一定要记住这个简单好用的方法。比如，这个月你只为30个人服务，名额满了，其他客户就只能往后排队了。你的课程只招收300人，满了，客户就要等下个季度了。

另外，在说出限时优惠的时候，你还可以再提供一些独特的赠品。

强调稀缺性，提出限时优惠，给出独特的赠品，这就是让客户快速下单的方式。

搞定客户，最重要的就是回答这3个问题：为什么买？为什么跟你买？为什么现在买？

5类常见的成交异议处理

在成交的过程中，要做好一个心理准备：我们一定会遇到客户的异议。

包括我的团队也一样会碰到客户的异议。不怕客户挑剔，怕的是客户不理。真正挑剔的客户，是真的想买的人。碰到客户的异议，往往是我们在成交过程中有可以做得更好的地方。

首先，我们需要客观记录下客户产生异议的点，后续通过成交复盘，减少客户可能产生异议的地方。

接下来，我们会教你处理成交异议的一些方法。当然，我们只能提高成交率，而不可能达到100%的成交率。

有哪些常见的客户异议呢？

异议一："你们太贵了。"

这时候，你可以给客户算一笔账，单价＜收益。

比如，我们的"批量成交研习社"的客单价是5000元，我就会给客户算：多搞定一个客单价1万元的客户，客户是不是就多赚了5000元？我给客户一套"引流+成交SOP"方法，是不是价值5000元？我再给客户一个高质量的圈子，40%的客户年收入超过100万元，是不是价值5000元？这么算起来，我才收5000元，是不是没有那么贵了？

再比如，"贺嘉演讲私房课"客单价是5800元。我们来算一笔账：变得更自信是不是值5000元？一套演讲的知识体系是不是值5000元？一个高端的客户圈层是不是值5000元？

在这里，其实用的就是锚定效应。

什么是锚定效应？人们在做决策时，认知会受到之前决策的影响。如果你先告诉他，你之前的产品都是多少钱，现在只需要多少钱，就是给了客户一个锚，制造出了超值的感觉。

我之前在发售引流产品的时候，就是这么做的：

我的"私董会"价值4000元，10个行业精英创业心得价值1000元，线上营收问题诊断价值1000元，现在只需要199元，是不是非常划算？

不过，在运用锚定效应的时候，注意不要过度。比如，我说我卖的产品客单价是5000元，能给你提供50万元的价值，你是不是会觉得我很浮夸呢？

• •

异议二："你们和别人有什么不一样？"

这个问题是很常见的一个客户异议。

首先，如果你发现这个问题回答不出来，你就要好好反思一下自己对产品是不是够了解了。其次，在回答这个问题的时候，要避免指名道姓地说同行不好，而是用"其他产品"替代。最后，回答这个问题的时候，你的自信特别重要。

提供一个模板。你在销售课程的时候，可以说：**为什么你学习了很多×××的课程却没有效果？因为他们忽略了……**

举个例子：为什么很多引流和成交课没有效果？因为他们忽略了引流的背后是定位，成交的背后是信任。

如果你销售的是产品，你可以说：**为什么很多×××产品，你使用了没有效果？是因为他们忽略了……**

指出客户忽视的核心价值点，一方面体现了你的专业性，另一方面给了客户一个下单的理由。

• • •

异议三："怎么保证有效果？"

客户是很容易问出这种问题的，因为他的内心是疑问。这时候，你就可以先说出我们自身遇到的案例，并且有了怎样的好结果。

客户案例：说说过往的客户有怎样的效果。

服务机制：我们会怎么服务你。

举个例子，比如我们"批量成交研习社"的产品，主打的是教客户如何打造线上的引流+成交体系。

自身案例方面：我自己全网有100万粉丝，操盘过100万元收入的线上社群。

客户案例方面：上了我的课以后，有8个学员的知乎粉丝量过万，有好几个人线上分享时一次就引流1000多个客户。

服务机制方面：我们每个月会布置两次作业+一次诊断+一次实战+一次复盘。

• • • •

异议四："我已经买过别的××了。"

如果客户说"我已经买过别的课程/别的服务/别的产品了"，这时候你应该首先问一下客户："你的问题解决了吗？如果没有解决的话，是什么问题？"

当客户回答了之后，我们要思考：客户为什么没有解决这个问题？因为他期待你讲出来你和其他人不一样的地方，他需要一个理由来说服自己。所以你需要洞察客户的需求，并且告诉他你可以满足他这个需求。

遇到这种情况，其实心态特别重要。你不能着急，也不要因为客户的一句话就轻易放弃了。我们往好的方面想就是客户的确有需求，暂时不需要你的服务了。只是我们很多时候需要等待一下，等你的对手犯错，然后你就会有机会了。

• • • • • •

异议五："我考虑一下，明天买。"

一顿操作猛如虎，你以为快成交了，客户却说："我考虑一下……"这时，该怎么办呢？

我团队的负责运营的同学也会碰到这类客户。这个时候要先判断一下，对方是思考型客户还是领导型客户。

如果是领导型客户，说明价值塑造得还不够，可以讲一个你给客户带来改变的故事，比如：我们之前遇到过××客户，和你的问题差不多，后来我们给他带来了×××的改变。相信我们，你也可以这样。

如果是思考型的客户，你可以给他点时间，多关心他，千万不要逼他下单，要让他自己去思考。

不管怎么样，我们都会遇到存在各种各样异议的客户。这些异议我们是处理不完的，所以我们也要调整一下预期——不合适的客户就不要理他，把精力放在合适的客户上，带来的收益会高得多。

小结

客户之所以会有异议，首先是客户对我们感兴趣，其次是我们在成交过程的前期铺垫里有之后能做得更好的地方。

处理客户异议是成为一名顶级销售的基本功。更好的方式是做好成交的每一个环节，让客户没有异议。

用3句话搞定那些说"我考虑一下"的客户

•

我估计做成交的同学最讨厌听到的一句话，就是客户说的"我考虑一下"。

但我要告诉你的是，当客户说出"我考虑一下"，其实传递了3个信号。

第一：客户对你的信任还不够。

很多时候客户有需求却又犹豫，是因为对你的信任还不够。我们要进行复盘，一方面是思考我们日常的影响力做得够不够，另一方面是在成交的过程中，我们与客户有没有构建足够多的信任。

第二：在之前的成交环节里，你一定有可以做得更好的地方。

在一个特别好的"成交场域"里，客户不仅对你有兴趣，也相信你能够帮他解决问题。这种情况下，基本上客户就会成交。除非客户没有预算，或者说他被别的事情打断了。客户出现"考虑一下"这样的说法，说明我们在成交场域的构建上，存在着不够流畅的问题。

第三：我们需要拷问一下自己，对方是否是我们合适的目标客户。

他有没有付费能力？他有没有付费的意愿？如果客户对我们有兴趣，而且整个成交场域也构建起来了，但客户还是没有成交，可能是因为我们没有吸引到合适的客户。

如果成交人员能够试着用成长型思维去看待客户的"我考虑一下"，就会有机会更少听到"我考虑一下"，更多听到"我买了"。

• •

那么问题来了：客户为什么会说出"我考虑一下"？

我们可以试着区分一下客户的性格，如果客户是一个不差钱而且做事情决策又很快的人，但是他对你说"我考虑一下"，**这意味着你在之前的呈现环节价值提供得不够。**我们可以做的事情就是在这个方面去强化一下产品能够给他提供的价值。

如果你的客户是一个喜欢思考，不是那么快做出决定的人，当他说出"我考虑一下"时，可能是他本能的反应。他在做出任何一个决定之前，都不希望有人来替他做决策。

对于这种思考型的客户，我的建议是，最好不要催他，越催，他就

越不理你。

● ● ●

用这3句话，搞定那些说"我考虑一下"的客户。

1."我有一个朋友……"策略。

分享一个你的客户故事，其他人在遇到同样情况的时候，犯了一个怎样的错误，错过了什么机会。

假设我是证券公司员工，我想鼓励你去港股开户，可能会这么说：

"之前腾讯股价在260港元的时候，我有个朋友想开户去买，结果他操作太慢，老是磨磨叽叽的；等到腾讯股价涨到400港元的时候，他还没有买。结果，现在腾讯股价已经500港元了，他至少少赚了20万港元。

"真的是应了那句话：'问君能有几多愁，没买腾讯（股票）没买楼。'

"你看，我没有直接说你犯了一个'愚蠢的错误'，但是我分享了一个犯过类似错误的人的故事给你听。**只要你听进去了，你大概率就会在我这儿成交，因为你不希望做出同样'愚蠢的决定'。**"

2."他/她适合，但你不确定适不适合……"

在日常成交的过程中，客户对于成交人员有一定的戒备心态，为什么?

因为客户会假设你这次来不是帮他解决问题，而是非要跟他成交。**你作为一个成交人员要处在一个心理的优势地位。你告诉客户："产品只适合某几种情况的客户，适合他/她（现场的另一位客户），但不一定适合你。"**

客户的好奇心反而会被最后一句激起来，就会主动问你："你为什么觉得我不适合？"这个时候，你就掌握了成交过程中的主动权，你讲的东西客户才会听得进去。

人性有的时候就是这么奇特，你非要把一个产品推销给别人，别人反而不想要。你要是说他可能不适合，他反而上赶着要来看一看，问一句"我能不能买？"

在成交的过程中，拥有心理优势特别重要。

3."最后的反对"策略。

假装认输，放弃推广，请教一下对方"我到底哪里做错了？"这样，你只要解决了最后一个问题，就可以成交了。

举个例子，我之前有个客户来找我咨询问题，他对我的演讲私房课表达了一定的兴趣，但我推托了一次之后没有成交。

在临近离开的时候，我问了他一个问题："你对我的演讲课兴趣一般，你对什么感兴趣？"他是这么回答我的，他说："我对贺老师你如何做个人品牌积累100万粉丝更感兴趣。"

当我抓住了客户的这个付钱的卡点之后，我马上就跟他说："你现在报名我的演讲课，我送你一个价值3000元20分钟的一对一的咨询，教你怎么做个人品牌。"于是，他马上就给我转账报名了。

小结

比起靠这3句话，去搞定"考虑一下"的客户，我们要知道一定有些客户是我们搞不定的。

更好的方式是按照批量成交方法论对整个引流和成交的体系进行优化，形成SOP，减少客户最后的疑问。

我发现在成交的过程中，如果我们能够打造好自己的个人品牌，吸引客户主动来找我们，**客户在见到你之前已经对你有了基本的信任，成交概率也会更高。**

引流来的客户如何二次积累信任？

通过社群或者写文章引流来的客户能直接做成交吗？大概率是不行的。因为客户跟你的信任还没有到位，这个时候就需要二次构建信任。

二次构建信任的过程：提供价值—植入产品—情感链接—发售。

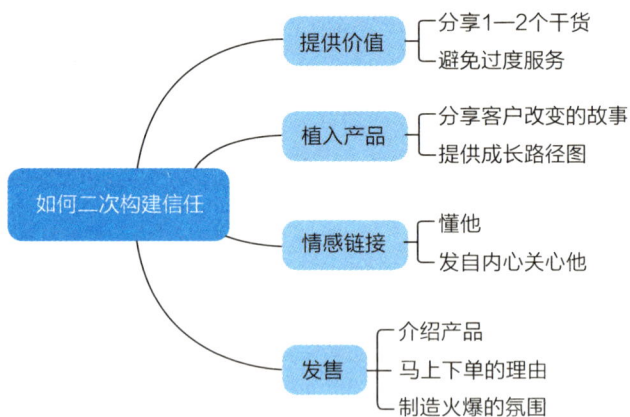

如何二次构建信任
- 提供价值
  - 分享1—2个干货
  - 避免过度服务
- 植入产品
  - 分享客户改变的故事
  - 提供成长路径图
- 情感链接
  - 懂他
  - 发自内心关心他
- 发售
  - 介绍产品
  - 马上下单的理由
  - 制造火爆的氛围

第一个环节：提供价值

一方面，我们还是要先提供给客户1—2个干货，能帮他们真正解决问题，让他们相信你可以解决问题，他们才会愿意继续跟你去学习。另一方面，你又不能一次性把客户的所有问题都给免费解决掉，否则客户只会说一句"我的问题都解决了，谢谢你"，就不会跟你产生真正的成交。

当然在提供价值这个环节，也有几个经常会踩的坑。

1.过度服务，给客户的太多了。

客户获得感过强，把所有问题都解决了，导致客户后续没有购买的意愿。

2.干货不够，无法构建信任。

我见过一些传统的老师，他们刚开始做线上的时候，不太愿意把自己的干货写在自己的自媒体文章里。因为他们觉得这是自己收几万块钱讲课才会分享的内容，所以不愿意免费讲。客户一点获得感都没有，自然而然也就不会形成二次购买。

第二个环节：植入产品

在客户的二次信任积累的过程中，很重要的一个环节就是产品的植入。

为什么需要植入产品呢？因为当客户进入购买环节时，如果前面没有任何的产品植入，客户就会觉得很突兀：我来是听干货的，怎么突然就听到广告了呢？

在我看来，产品植入比较好的方式有两种：第一，就是在分享干货

时举一个你的付费产品的客户的例子；第二，就是画一个客户的成长路径图，明确地告诉客户，什么产品能解决什么问题。

我来给大家举个例子吧。

我曾经分享过我的一个私教学员林艺恒的故事。他之前一直存在一个卡点，就是不好意思谈钱。后来，他花了3万块钱报名我的私教服务，我通过一对一的指导，给他提供了一套高单价成交SOP，而且帮他提升了他的成交能力，还给他引流，最后帮他在一个月之内就实现了8万块钱的收入。

在我分享完这个故事之后，马上又成交了一个私教学员，这就是客户故事的力量。

第三个环节：情感链接

在构建信任的过程中，光是帮客户解决问题还不够，因为帮客户解决问题的这个过程是偏理性的，只能证明你有帮客户继续解决问题的能力。这个时候，我们还需要和客户建立情感链接。

什么叫作情感链接呢？就是你发自内心地去关心客户。第一，让客户知道你懂得他。第二，让客户知道你是发自内心地关心他，而不只是想赚他的钱。

但是，你是不是发自内心地去关心客户，对方是能够感受得到的。

为什么很多传统的房产中介或汽车销售员招人厌恶，核心原因就是他们把自己的利益放在了客户的利益之上，纯粹想让客户尽快下单，根本没有考虑客户的利益。

情感链接是一个感性的过程，**要做好成交少不了感性的驱动，因为下单就是一个情绪变化的过程，不只是理性的。**

第四个环节：发售

发售环节有3个关键点：一是介绍产品；二是给客户一个马上下单的理由；三是制造一个特别火爆的销售氛围。

介绍产品时有一个特别好用的句式：这个产品在××场景之下解决了什么问题。

比如，我们的"批量成交研习社"教的是如何把你线下的生意搬到线上，并且比原来多赚30%。"贺嘉演讲私房课"教的是你如何通过掌握12个思维模型，做一场至少百人规模的演讲。

马上下单，可以通过两个策略实现：一个是限时特价，另一个是限时买赠。比如，正常的价格是6800元，今天晚上购买就是5000元。对于前10位购买的客户，可以送他们一个价值500元的按摩仪。如果客户买晚了就没有这个赠品了。

最后，制造火爆的氛围，可以通过预售来实现。

比如，现在很火的直播卖货。就我的了解，主播之所以能够一个晚上卖出几千上万元的营业额，很重要的原因在于他们在群里已经做了预售，在直播的那几个小时里，有从平台导来的流量形成的成交，而且更重要的是，之前在社群里预售的客户在那段时间里集中下单。这些预售下单的客户就会产生一种特别火爆的购买氛围，从而给其他人一种"我也想买"的情绪冲击。

小结

引流来的客户从咨询到成交，是有一定周期的。

再给你分享一个价值3000元的行业内幕：在线教育领域，成交周期一般是1个月；互联网保险领域，成交周期一般是6个月。

引流不是目的，积累客户的信任，形成二次成交才是。

如何做好成交复盘，越卖越多？

●

你会在每一次成交之后，做成交复盘吗？

你会通过复盘看看自己在成交的过程中有哪些做得好的点，有哪些点可以做得更好吗？

我发现，80%以上的成交人员，在成交过程之后，不论成交与否，想到的第一件事是马上休息一下。这其实是不对的。

如果你希望成为顶级销售，你的行为习惯就不应该和一般的成交人员一样。如果你做了成交却没有复盘，即便你这次成交了客户，你也不知道自己这次做对了什么。如果你没有成交客户，又不去做复盘，你就不会知道自己做错了什么，下次还会犯同样的错。

其实，成交复盘并不是目的，而是通过一次次的实战+成交复盘，提

高我们的成交转化率。

收入=潜在客户数×成交转化率

在潜在客户数不变的情况下，你的成交转化率越高，你的收入就会越高。

· ·

我和我的团队之所以能够在短短几个月在成交上突飞猛进，核心的原因就在于我们在短短的一个月里进行了60次成交和20多次复盘。

其实，很多人觉得成交是一门艺术，大多时候靠的是成交人员的天赋。但是，我和团队在实践过程中发现，成交（包括线上成交）这件事，其实是有一定规律可循的。

线上成交=一定的获得感+想要更多+亲近的氛围+产品植入+客户充分释放疑问

首先，我们要让客户有一定的获得感，他才会对你产生一定的信任，有了信任才有后续成交的可能性。

但是光有信任还不够，我们还要给客户提供一个后续的服务路径，让他知道你在引流产品后面还有正式的产品。

第三个要点其实就是你和客户之间的情感链接：一方面，你需要通过帮助客户解决问题来证明你的专业性；另一方面，客户会和你成交，有一个很重要的理由就是，你是发自内心地想要帮他们解决问题，而不只是想赚客户的钱。

产品植入讲的是，你可以在成交过程中有意无意地提到你的产品曾经帮助过什么客户解决过什么问题，让后续你谈到马上掏钱的时候客户不会觉得突兀。

最后也是最重要的一点，就是要引导客户充分地释放疑问。最怕的是客户心里有疑问，但是没有机会问你，然后他就离开了。这是最可惜的，因为你不知道下一次触达客户会是什么时候。

成交难吗？难，因为你需要通过达成以上5点，构建出一套成交场域。但是，成交也并不复杂，因为以上的5点你都做到了，客户跟你成交就是水到渠成的事。

• • •

送你一个好用的成交复盘SOP，主要分为4个部分：

第一，你的状态。

你有没有休息好？情绪是否饱满？你是否了解客户？这三个方面有一点没做到位，你的客户都会觉得你不专业。

空客销售副总裁每次见客户之前都会健身跑步半小时左右，这时候他的精神状态就是饱满的。

第二，精准客户。

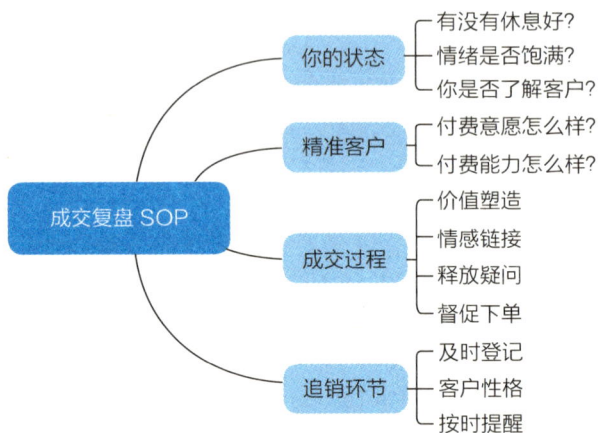

```
                              ┌─ 有没有休息好?
                  你的状态 ───┼─ 情绪是否饱满?
                              └─ 你是否了解客户?

                  精准客户 ───┬─ 付费意愿怎么样?
                              └─ 付费能力怎么样?

成交复盘 SOP                   ┌─ 价值塑造
                  成交过程 ───┼─ 情感链接
                              ├─ 释放疑问
                              └─ 督促下单

                              ┌─ 及时登记
                  追销环节 ───┼─ 客户性格
                              └─ 按时提醒
```

客户的付费意愿怎么样？付费能力怎么样？这两个问题决定了对方会不会为你掏钱，也就是你能不能成交。

阿里铁军把客户分成A、B、C三类是很好的思路，这种成功销售的经历会激发金牌销售的自信，从而再次提升销售成功率。

第三，成交过程。

价值塑造—情感链接—释放疑问—督促下单。

先提供价值，再建立情感链接，接下来把客户的疑问解决掉，最后给客户一个马上下单的理由，这是个很流畅的过程。

如果价值塑造不够，客户就会对你不够信任，无论你后面讲什么内容，他都不会认真听下去。如果情感链接不到位，过早进入成交环节也会导致客户退缩，最后导致成交失败。

我们的成交心态一定是：我来帮你解决问题，顺带收点钱。

释放疑问是一个必备步骤，有疑问客户就不会下单。

最后一步是督促下单。给客户一个马上下单的理由，不要让客户觉得今天买和明天买差不多。

第四，追销环节。

追销主要有三个要点：及时登记，客户类型化，按时提醒。

第一件事是把有一定意向但是没有成交的客户登记起来，按照成交的可能性分为A、B、C三类，有80%以上成交可能性但是没成交的客户是后续需要重点追销的。

是不是所有的潜在客户都会当场成交呢？不是的。对于还在犹豫的人，你要判断一下，对方是思考型客户还是领导型客户。然后做出对应决策。

这个框架是比较完整的复盘，每个月复盘的时候可以用这个框架，日常的框架可以简单一点。

成交这件事，其实没有那么难，一旦你掌握了方法，养成成交复盘的习惯，你每年至少多赚一倍。

4 转介绍：建链接

如何有效激发客户的转介绍？

•

　　最近有很多创业者和我交流，说现在获得客户的成本越来越高了。但是，其实有一个方法，可以大大降低我们获取流量的成本——**重视老客户，做好转介绍。**

　　我最近看的一本书叫《25%的回头客创造75%的利润》，里面提到了一个很有意思的理念：要给予客户差别对待。尤其是，要善待那些25%的，能够给你创造75%利润的老客户。

　　以酒店为例，同样点了一杯生啤，因为客户有别，酒杯的大小也是截然不同。更有甚者，除了"大王"之外，还有"大大王"。端着"大大王"酒杯的客户在众人艳羡的目光中品着美酒，神情难掩得意。

　　对于餐馆的常客，有神秘的隐藏菜单，比如，用来下酒的小菜"墨鱼嘴"，一般的客人就点不到。只有常客才知道有这种隐藏菜单，当他带朋友去你的店里消费的时候，能够点这种隐藏菜单，就会让他拥有一种莫名的自豪感。

通过给客户提供这种自豪感，他帮你转介绍和复购的意愿自然而然就会提升。

不仅餐饮业如此，航空公司也存在类似的行为。例如，只有VIP客户才能享用休息室，有升舱服务，能最先提取托运的行李。

客户都希望自己能被特别对待，而且"特别对待"可以形成口碑，继而带来新的客户。

• •

转介绍＝意愿×能力

如果想让老客户能够成功地帮你转介绍，他的转介绍的意愿和转介绍的能力缺一不可。

有些人很有影响力，在圈子里有不少追随者，很明显他们有帮你转介绍的能力。但他对你没有什么看法和感觉，或者说你们没有什么额外的差别大的服务让他形成超值的体验，所以他就没有帮你转介绍的意愿。

有些客户想给你转介绍，但是他自己本身能力一般。即使他转介绍，身边的人也不会听从他的意见。也就是通常意义上说的，带不动货。

客户转介绍能力在短时间之内比较难以提升。我们可以做的是，通过区别化地对待老客户，来提升那些有能力帮你转介绍的老客户帮你转介绍的意愿。

•••

如何激发客户转介绍的意愿？

1.不断打胜仗，积累自己的势能。

大家都喜欢追随有结果、能够打胜仗的领导者。像我的团队在2020年2月逆势增长500%，其实就吸引了很多老客户帮我们去做转介绍。

我说最近我们做视频号，日更21天实现了涨粉1万多人，粉丝就会觉得跟着我们就是跟上了趋势，也更愿意靠近我们。

2.特殊待遇：针对25%的常客。

记得他的名字、偏好，差异化的标志。比如，你在她的微信备注里备注她喜欢的饮料，下次她再来消费的时候给她提前点好，这样她就会觉得你特别地重视她。

我的一名学员分享了一个真实的故事。她有一个发型师，每次她去做头发，理发师都会主动帮她点一杯"喜茶"。虽然一杯喜茶不贵，但是很少有发型师有这个服务意识，所以她主动在这个发型师这边办了8000元的会员卡。

3.转介绍的荣誉体系。

在我们演讲私房课里，给我转介绍的学员不会得到一分钱，但是我们会给他一块纯银的奖牌，上面写了"我可以"三个字，落款"贺嘉老师"。

银牌上面还有编号，编号数字越靠前，代表他和我们的关系越近。而且集齐7块银牌就可以召唤"神龙"，其实就是找我帮他一个忙。

4.一对一深度关心和帮他解决问题。

我自己有个日常的习惯，就是会在平时刷朋友圈的时候，看一看我们的"批量成交研习社"或者"贺嘉演讲私房课"的学员最近都在干什么，给他们打个半小时左右的电话，帮他们一对一地解决一个问题。

之前我有个学员跟我说："贺嘉老师，像你这样的大咖，还能抽出宝贵的半小时来一对一地给我们打电话，真的很惊喜，觉得你是真的关心我们的，而不像别的老师……"

因为我们这种一对一关心的方式给客户提供了价值，对方基于互惠原则也更愿意给我们提供价值，其中就包括转介绍客户。

5.让客户出结果，吸引他身边的人主动来问。

我有一个学员，她是从事保险销售行业的。在上我的演讲私房课之前，有点迷茫，成交的意愿不强；上完课之后一个月再见她感觉跟变了个人一样，容光焕发。

原因很简单，因为被我们激发了成交的意愿，回去一个月多赚了20万元。她身边的朋友都来问她上了什么课，也想学学。

让客户改变，出结果，自然而然会帮我们吸引到很多新的潜在客户。

重视老客户，给他们提供价值，建立情感链接。服务好老客户，转介绍的新客户自然就会多起来。

存量客户如何二次激活？

●

　　最近我做了一场签售，在问答环节时，有一个学员跟我讲了一下她面临的成交难题。

　　因为她做的是通过线上从事外贸业务，客户的咨询都是通过线上进行的。比较气人的是，很多客户只是来问了问就没有下文了，她再去追问，对方就不理她了。

　　这个学员就问我有什么建议，**如何把这些"沉睡"的存量客户激活**。

　　存量客户，是指某个时间段里原先已有的客户，和新增客户是相对来说的。

　　于是，我跟她讲了一个学员的真实案例。那个学员讲到如何报名线下演讲私房课，是这么说的："我围观了贺嘉老师的朋友圈差不多有一年时间，于是在我有需求的时候就马上下单了。"

当时我就调侃她说："你怕是对'马上下单'这个词有什么误解。"

客户必须满足两个条件才会真正下单，第一是他相信你，第二是他有需求。

其实客户围观我朋友圈一年这个行为，反映了大多数客户真实的购买决策过程。

客户第一次来咨询你的时候，他有需求但对你可能不够信任。第二次来咨询你的时候，对你有了一定的信任，但他需求并不强烈，没有马上下单的意愿。

我一直以来的观点是，不管围观多久，只要下单的就是好客户。

• •

如何二次激活存量客户？

一方面，我们要接受有些客户只是来问问；另一方面，我们要统计一下，这种问完了之后就不理你的客户的占比是多少。

我们可以和上个月的数据横向比较，并且和同行纵向比较。

如果最近过来咨询却又不理我们的客户的占比偏高，反过来说明流量来源出了问题，引流不够精准。

想要二次激活存量客户，核心就是一句话：多渠道、多频次地触达。

即便客户量大如腾讯、阿里巴巴，一样会有沉睡客户，他们同样会用各种各样的方式去触达自己的客户，刺激沉睡客户，进行再次激活。

销售里有一个很有意思的**"7次法则"：客户需要看到你7次以上，才会对你产生足够多的信任，最后去下单购买。**

我们要通过线上、线下，一切可能的渠道触达客户，让客户在有需求的时候，能够主动地想起你。

1.线上渠道：

微信公众号

朋友圈

微信社群

微信视频号

百度百科

知乎

腾讯视频

天猫、京东、当当等线上渠道

得到、微信读书等电子书平台

2.线下渠道：

电台

电视台

行业峰会演讲

线下沙龙

线下客户口碑

实体书

异业合作

户外广告

在二次激活存量客户这件事情上，我们一定不能有侥幸心态。**想要通过一个渠道的一次投放来激活存量客户，这是不可能的。**

但有一个好消息是，所有的品牌曝光、线下活动所触达的客户，都对我们形成了初始的信任，当我们第二次、第三次出现在他们面前的时候，客户离下单和成交就更近了一步。

• • •

5种比较有效的二次激活客户的方法：

1.线上朋友圈。

我曾经花10分钟搞定了一个大客户，合同金额是15万元。原因是他看到了我朋友圈里在辅导携程董事长梁建章演讲的照片。

所以，线上并不是要去取代线下，而是为了帮助我们更快地成交。**有效地打造朋友圈形象可以激活客户的兴趣和意愿，使谈判得以继续进行下去。**

一种特别好用的发朋友圈公式：

我最近服务了××客户，客户对我的评价是××，再配一张照片。

举个例子：

"给上市公司客户培训完,股价涨了7%。感谢老客户,上市公司风语筑的邀请给管理团队第二次进行演讲+路演培训。

"大家反馈'离商务型策划更近了一步''说话更有底气,工作更有自信了'。

"但是不知道为什么,我培训完客户股价居然涨了7%……

"还有没有想股价上涨的,来约我的档期吧。"(配一张照片发到朋友圈。)

2.基于社交关系链的召回。

这一点腾讯的游戏《王者荣耀》做得特别好,平台会对那些目前还活跃的客户提供奖励,鼓励召回其他客户。如果你通过微信成功邀请那些以前玩过但是现在不玩的朋友回来,就会给你们双方进行游戏礼包的奖励。

对于传统商家而言,在用这个技巧的时候,一方面,可以通过社交裂变的线上活动,去鼓励以老带新;另一方面,在线下活动的时候,我们设置一个双人闺密或朋友套餐。比如,你一个人来是100元,两个人来只收160元。我摆明了就是要给你便宜,鼓励你邀请朋友一块来。

3.线下沙龙活动。

对于很多面向女性做生意的商家,比如皮肤管理、服装、瑜伽、SPA,一般大家都很愿意去做这种线下沙龙活动。**原因很简单,对于顾客而言,线下的情感链接,是商家提供的很重要的增值服务。**

比如一件衣服,客户她在哪儿都可以买,但是你和她之间建立的情感链接是不可替代的。

所以,我一般会建议我的创业者学员尤其是面向女性做生意的创业者，每个月做不少于一次的会员活动，每次有不同的主题来加强和老客户的情感链接。

4.线上定期直播。

线下的沙龙活动优点在于能产生面对面的情感链接，但也有两个缺点：第一，组织活动有一定的成本；第二，总有客户由于时间和空间的关系无法到场。

我们团队也在做每周一次左右的现场直播，一方面吸引新的客户进来，另一方面可以加强和老客户的情感链接。

很多时候，客户只看过我的文章，他对我的信任度只能算中等，但如果他听过我的一场分享，或者见到了我这个人之后，他的信任度很快就会从中等变成高度了，之后很容易产生购买行为。

对于老客户而言，他也会被你不同的直播主题所吸引，即便他对这次的直播主题不感兴趣，也许对下周的直播主题就感兴趣了。

直播不是目的，吸引新客户和加强老客户的链接才是。

5.年度会员活动（包括大促等形式）。

在"618"或者"双11"这种大的电商节日，或者公司的周年，创业者可以搞一波声势比较大的促销活动，比如，给出一年一次的最大折扣来吸引沉睡的老客户来复购。

再比如，我自己也接到过爱马仕的内购会的邀请，他们一年只做一次这样的活动来保证稀缺性，而且会给出足够大的折扣额度（5折左右）来吸引客户到场。同时，它的活动是有门槛的，要用邀请函的方式才能参加。

促销太多肯定是不好的，会降低你的品牌调性。**但是，对于商家而**

言，适当的促销活动可以清掉一些库存，以及拉动全年的营销收入；同时，也是给那些沉睡的老客户一个再链接你的理由。

小结

我们可以通过多种主题的线上、线下活动，不断加强和客户的链接，以二次唤醒沉睡客户。

总有一种方式可以触达客户，总有一类内容是他们感兴趣的。我们的存量客户其实是一座金矿，不要守着金矿要饭。

和客户聊天，有哪些话题百试不爽？

在成交的过程中，我们少不了要和客户交流，但在真正进入成交环节之前，往往需要通过聊天来构建信任。这里我总结了6类客户的常见痛点。

这6类客户可能有重叠的人群，这里主要以大家经常遇到的客户类型，给大家做一个分享。

我总结的目的不是给你拿去生搬硬套，而是让你了解不同类型的客户需求，自己去总结和他们聊天交流建立信任的方式。

聊天句式1："×××真的是太难了……（后半段接着说你对他们的了解）"

聊天句式2："我听说×××，真的很佩服你……"

客户类型一：女性创业者

对于已婚的女性创业者而言，创业意味着她们要兼顾事业和家庭。如果家庭中的另一半不支持，基本上这个事业很难发展起来。

对于未婚的女性创业者而言，花大量的时间和精力在创业上，意味着她们有可能没有太多的时间花在情感和寻找另一半上。随着年龄增长，社会压力大，尤其是源自父母这方面的压力会特别大。

当然，从积极的方面来看，女性创业者有优势，尤其是颜值高的女性在创业的过程中更容易达成合作。同时，女性擅长情感链接，更容易跟客户成交……

和女性创业者交流，一方面，认可她们所拥有的情感链接的优势；另一方面，对她们所面临的困境表示感同身受。

客户类型二：个体创业者（微商、律师）

对于个体创业者而言，最大的问题一个是流量，另一个就是成交。

传统的商业服务，比如，很多销售和律师最常见的获客方式就是去参加线下的商会活动。**再有就是，通过人情关系，比如同学、朋友、老乡等，来获得转介绍。**

但是随着互联网的冲击，他们也希望获得线上的引流和成交。

对于很多做微商的个体创业者而言，他们最大的挑战在于缺少个人品牌。他们现有的这些客户往往来自他之前的社会关系，当这些社会关系把产品买得差不多的时候，也就是他们结束做微商的时候。

对于个体创业者而言，你不妨跟他们分享一些关于引流和个人品牌

的思考，往往最能够激发他们的兴趣。

客户类型三：中型以上企业的老板

我之前有一个企业客户创业38年，他创业的年头比我的岁数还要久。他们的营业额老早就过了10亿元，但同样面临很大的挑战。外贸订单属于代加工，金额大但毛利低。内贸金额小，但是毛利更高。

但是在总监层面，很多人不太愿意去拥抱变革。原因也很好理解，因为改变意味着他们要干更多的活儿，但不一定能分到更大的蛋糕。

对于这些老板而言，特别希望推动企业的数字化转型，一方面，他们希望在营销方面有所突破，给公司带来更高的毛利和更多的渠道；另一方面，希望通过组织的变革来提高整个企业的经营效率。

我跟这些老板交流过一个话题叫作"平均人效"，用这个公司的年营业额除以员工人数，计算出每个员工一年能够为企业创造多少收入。

我知道很多零售企业的平均人效在20万元，公司的经营成本、房租、员工的工资社保、缴纳的税金都要从这20万元里出，员工的待遇肯定好不到哪儿去，相应带来的问题就是人员流失率高、客户体验差。

对于华为、腾讯这样的企业，他们的平均人效是在300万—400万元。相应地，他们就有条件拿出比较大的一块蛋糕奖励员工，使其有更好的福利和发展，同时员工的这种动力也会变成公司发展的动力。

和中型以上的企业主交流，可以多聊聊领导力、组织变革、融资等话题，这些都是他们感兴趣的。

客户类型四：企业中层

成为企业中层，已经是很多人职场的"天花板"。现在我的学员里面企业的中层也越来越多，有的是大公司的中层，有的是国企的中层。其实很多企业的中层年薪在50万元上下，并不是特别高，但是他们的工作年限平均超过10年。

对于这群企业中层而言，他们面临的一个很直接的问题就是，如何提升个人收入，基本上只有4条路：

1.企业内的继续晋升；

2.业余时间投资一些副业；

3.出来创业；

4.转型投资人。

很多中层领导其实很想出来创业，尤其是当他们看到有的人创业成功时，会觉得"这个人都能做这么好，我应该也行"。实际上，他们要面临的挑战跟在大公司里面做一个中层基本上是不太一样的，包括会面临自尊心的问题、客户来源的问题。

和企业的中层交流时，如果他有心继续在企业里往上走，可以跟他多交流一些行业动态和一些知名的企业家的核心的思考。如果对方有心创业，可以和他多聊一聊各个行业的商业模式，大家是怎么赚钱的，对方自然会比较感兴趣。

客户类型五：全职妈妈

我现在还记得一个全职妈妈学员跟我讲过做全职妈妈的3个痛点：

第一，买东西的时候不能够尽兴，因为花的不是自己的钱；

第二，在家里没有话语权，因为自己不挣钱；

第三，孩子对你的印象只停留在做家务。

其实，全职妈妈的痛点还不止于此。因为长时间脱离社会，她们对于行业的了解，对于社会的了解，往往已经出现了脱节。她们跟另一半沟通的时候，很容易出现一些问题，时间久了就会出现情感上的问题。

和全职妈妈的交流，有两个话题特别好用，一个是小孩，另一个是她们自己的职业发展。

客户类型六：BAT等大型企业员工

我自己在腾讯工作过两年，后来也接触过不少阿里巴巴和百度的员工。这些年，大公司里的员工过得并不像外面的人看到的那么光鲜。

因为高速增长的业务始终是少数，很多业务同样面临着调整组织的重构。**这些大公司的员工也在思考自己未来的出路：**究竟是继续在BAT大公司里混，还是跳槽去小米、拼多多、滴滴这样的企业，还是去换一个民营企业或者国企？再或者围绕自己的爱好开个小店，做个自媒体啥的？

现在，每个月会有3—5个想要从腾讯离职的同学找我交流，原因是我属于少数从腾讯离职之后创业的……**和大型企业的员工可以交流对于当下最火业务比如直播、短视频这些业态的思考，也可以跟他们交流职业选择。**

前面这几类常见痛点是我的总结，并不全面，但是我相信它有助于你去了解这几类不同客户，帮他们解决面临的问题和内心的挣扎。

与客户交流时聊痛点属于"术"的层面。在交流这件事上，真正的
"道"就是你对于另一个人发自内心的关心和认可。这个东西是做不了
假的……

想要和客户构建信任，从了解他们开始。**你能和多少客户共鸣，就
能做多少人的生意。**

如何运营20个核心的转介绍客户？

•

运营转介绍重不重要？重要。

运营转介绍难不难？难。

90%的创业者都意识到了转介绍的重要性，但是真的把转介绍运营得好的创业者可能不到10%。**因为在运营转介绍的过程中，你可能会碰到各种各样千奇百怪的问题：**

答应转介绍后迟迟没有下文，如何跟进？

为什么有的客户转介绍不成功？

设计怎样的场景/活动，让老客户转介绍？

…………

只要你真的关心老客户，给他们提供价值，问题、困难都不是我们不去运营转介绍的理由。上面这些转介绍的问题，都有解决的方法。

· ·

客户答应转介绍后迟迟没有下文，如何跟进？

很有可能是因为他不知道为什么要帮你转介绍，缺少意愿。一般来说，客户转介绍的意愿跟他受到的服务体验有关。

服务体验=服务－预期

给大家举个简单的例子，做老客户的回访，大家首先想到的就是把老客户叫过来，问一些问题。但是，我们的团队在做客户回访这件事上，对客户体验的要求是"有吃有拿"。也就是说，客户参与回访，不仅我会花时间（1个小时咨询费8000元）帮他解决问题，还请他吃饭，送他礼物。

很多参与了回访的客户感觉这个回访体验真的是"太让他们感到意外"了。

想要提高客户的转介绍的意愿，首先是让他有结果。比如，一个学演讲课的学员，我们给他提供了一个100人的舞台，或者他拍的短视频有上千的人点赞，粉丝超过了1万人，这些都是可量化的结果。

其次是超值体验。这其实来自很多服务的细节，我们通过这些细节，让客户感受到我们跟他之间不是交易关系，而是建立一个长期的情感链接。

只有让客户体验到了这种超出预期的感受，他才会更容易产生转介绍的意愿。

•••

为什么有的客户转介绍不成功？

因为客户影响力不足，没有太强的转介绍能力。

我们有个学员以前也碰到过这种现象，客户的满意度很高，并且答应转介绍，但之后发现他虽然发了朋友圈，但是最终没有人来，更无法成交。

我认真思考了一下这个学员，他是职场小白，气场偏弱，他无法成为身边人的榜样，所以转介绍的成功率自然就低。

转介绍能力强的人，往往是身边其他人的榜样。

另一个学员是保险行业的总监，她累计给我们推荐了超过10个演讲私房课的客户。因为她是一个优秀而有结果的人，她学习，能影响身边的人也想要学习。所以，如果你想提升客户转介绍能力，很重要的一点就是要鼓励他们成为灯塔一样有影响力的人，来激发他们身边的客户也想要改变的意愿。

1.缺少合适的转介绍的话术

以"贺嘉演讲私房课"为例，我发现我们的老客户在转介绍的时候，如果使用同样的转介绍理由，其实效果并不会特别好——针对不同类型的潜在客户，给出合适的介绍理由才可以。

举个简单例子，如果对方是一个小有成就的创业者，想要争取更大的行业影响力，**就可以告诉他："贺嘉老师的演讲私房课可以教你如何争夺行业解释权。"**这句话就足够打动他并让他来报名。

如果对方是一个程序员，特别擅长理性思考，喜欢思维模型，就可以告诉他："**贺嘉老师的演讲私房课会教你'愿意听''记得住''能传播'的12个思维模型……**"他也极有可能来报名。

如果对方是一个演讲方面的小白，可以鼓励转介绍的客户去说："**在贺嘉演讲私房课上，你可以找回自信，消除演讲紧张，变得更有条理性……**"对方可能就会报名。

简单来说，就是要帮我们的老客户准备好，针对不同类型客户**转介绍时一句话的理由**。

● ● ● ●

设计怎样的场景/活动，让老客户转介绍？

关于如何和客户保持长期链接，我是这么思考的：

首先，我们要接受一点，就是我们不可能和所有的客户保持长期链接。其次，我们需要有不同形式的活动和客户保持链接。

对于演讲私房课的学员，我们最近刚设计了两周一次的学员沙龙：

1.参与门槛：必须是贺嘉演讲私房课的老学员。

2.活动的内容包括两个部分：

①参访一家学员的公司，由他来分享他们的商业逻辑，他们是如何赚钱的；

②给每个学员一次上台演讲5分钟左右的机会，由其他学员和老师给予他一些关于演讲方面的反馈。

3.我们给学员其实提供了3个机会：

①了解一个新行业内幕的机会；

②给予学员练习演讲和获得反馈的舞台；

③让他们通过演讲被看见，建立人脉链接。

创造更多和老学员的链接，让他想起你，让他知道你是关心他的。自然而然，他给你转介绍的概率就会变大。

小结

其实对于大多数的商业形态而言，你真的只要运营好20个铁杆的核心客户，转介绍至少让你一年多赚100万元。

5 批量成交

如何成为批量成交的高手？

●

每个做成交的同学都要回答客户3个问题：为什么买？为什么跟你买？为什么现在买？

不同客户对于"客户三问"的答案

	陌生客户	基于搜索的客户	内容引流客户
为什么买？	？	√	√
为什么跟你买？	？	？	√
为什么现在买？	？	？	？

传统的线下销售之所以成交率低，是因为销售人员每次都要从头开始回答客户的这三个问题。只要产品金额稍微高一点，没有两三轮沟通根本搞不定，成交率自然低。

而线上搜索是基于客户有明确的需求，成交率就会比线下高。也就是说，通过线上搜索前来咨询的客户，他心里已经知道了"为什么买？"的答案，你只需要回答剩下的两个问题就行了。

所以，我们推荐给大家的批量成交方法，效率会比前两者都要高，因为客户不仅有明确的需求，而且他们也看过你的高质量的内容，对你有一定的信任。

通过内容引流来的客户，已经有了"为什么买？"和"为什么跟你买？"这两个问题的答案，你要回答的只剩下一个："为什么现在买？"

关于输出高质量的内容，大家常见的有3个疑问：

第一：有价值的内容，为什么要免费给别人？

第二：客户会不会获得了这些有价值的内容，就不去购买我的付费产品了？

第三：如何持续输出高质量的内容？

为什么要输出有价值的内容？**因为大量输出高质量的内容，本质上就是为了让客户先对我们产生信任，而且主动从内容找到我们。有了前置信任，成交的效率自然就高。**

第二个疑问所担心的事是大可不必的。根据我们的数据来看，客户在体验了免费或者低单价的产品之后，会更愿意购买高单价的产品和服务。只要我们讲清楚不同的产品解决的是不同的问题即可。

持续输出高质量的内容，一方面靠我们对于行业的热爱不断深入钻研；另一方面靠的是帮客户解决真实问题过程中的积累，客户的问题很多而且不重样，所以更不用担心我们的内容无法持续输出。

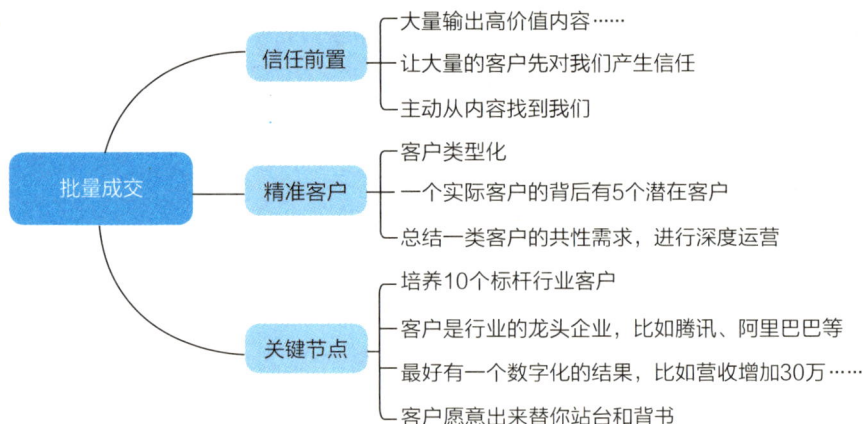

批量成交=信任前置+精准客户+关键节点

1.信任前置：大量输出高价值的内容。

2.精准客户：客户类型化。

3.关键节点：培养10个标杆行业客户。

批量成交有3个关键点：

第一，我们在前面讲了，通过大量输出高价值的内容来信任前置，让客户在找你之前已经对你产生一定的信任。

第二，是客户类型化，总结一类客户需求，深度运营，快速打开你在某一类客户当中的影响力。

第三，是打造标杆案例，这也是企业想快速打造行业影响力所要做的一个重要策略。

我们来看一下客户类型化如何操作。

客户类型化有一个很重要的假设：一个实际客户的背后有5个潜在客户。

举一个我自己的例子：最早我一个保险行业的学员都没有，当有两三个保险行业的学员在我的课堂上突破了自己的成交卡点，回去多赚了几十万元之后，他们身边的学员就开始更多地知道了我，主动报名我的演讲私房课。

保险行业的学员有两个共同的特点：第一，他们愿意为学习花钱；第二，他们追求个人影响力。所以，我就发现保险行业里的精英群体是我的演讲私房课的一类重要客户。

我们可以通过以下问题，了解到触达目标客户的有效渠道和方式：

1.他们聚集在哪些线上社群？哪些线下社群？

2.他们日常看什么？在哪儿看？

3.他们会转发什么内容？为什么转发？

4.这类客户有什么痛点？

5.哪一点是客户最愿意付钱的？

客户类型化的意义在于总结一类客户的共性需求，同时进行深度运营，批量成交更多客户。

打造10个标杆案例，来打开10个行业。

作为一名培训师，我在刚入行的时候起点比较高，我的第一个客户来自腾讯，第二个客户来自长江商学院。所以，往后的客户找我培训的时候，基本上对我的资历是没有任何疑问的。

但一般人想要转型培训师面临的第一道坎就是，**企业客户上来就会问你有没有过往客户案例？**

标杆案例，至少需要符合以下三个标准中的一个：

1.客户是行业的龙头企业，比如腾讯、阿里巴巴等。

2.最好有一个数字化的结果，比如营收增加30万元……

3.深度链接：客户愿意出来替你站台和背书。

《阿里铁军》这本书里讲阿里巴巴的销售是如何逐渐打开行业市场的。**他们从最早的一对一的陌生拜访到后面的会议营销，其中有一个很重要的环节就是引入了"客户讲师团"**。邀请那些在阿里巴巴上获得了国外订单的企业客户，来分享他们是怎样赚到钱的。

很多时候作为平台方，你讲一万句自己的平台有多好，都不如那些在你的平台上赚到了钱的客户讲一句更能打动其他客户。因为他们是相似的，客户之间更容易产生共鸣。

我们可以有意识地积累自己在不同行业的标杆案例，同时做好客户的服务，让客户愿意去分享他的改变给其他客户，可以大大节省我们花在营销上的时间和精力。

小结

批量成交=信任前置+精准客户+关键节点

1.信任前置：大量输出高价值的内容。

2.精准客户：客户类型化。

3.关键节点：培养10个标杆行业客户。

花80%的时间服务好20%的精准客户，他们的口碑会给你带来另外80%的新客户。

让客户买单的6种策略

销售这个领域，之前更多地给人感觉像是一种街头艺术。

很多人是因为混不下去才改行做销售的。比如走街串巷的推销员，在农贸集市上大声吆喝的售货员。

你可能听说过"AIDA模型"，它由4个部分组成：关注（Attention）、兴趣（Interest）、欲望（Desire）和行动（Action）。

客户需要先关注你，才会对你感兴趣，然后产生购买的欲望，最后是下单。但你不知道的是这个模型是1896年一位推销保险的业务员艾摩·刘易斯总结出来的，这个模型到今天已经有100多年了，真的有点过时了。

那么更科学的方式是什么呢？其实就是行为科学，**我们的大脑有很强的心理回路，就是想要保持思维、感觉和行动的一致性。**

我们可以通过改变客户的行为，来改变客户的心态。

比如，你让一个人握紧拳头，他的意志力就会变强。你让一个做事情很慢的人，花3分钟假装他很喜欢某件事情，让他觉得这件事很有趣，他很有可能会做到。

・・

《如何让他买》这本书分享了很多有意思的行为科学策略，可以直接促成客户的购买。这里我们来分享其中的6个。

策略1：重塑。

"重塑"这个行为科学策略对应的是我们心智认知世界的一种方式。**我们会把一堆信息用预设立场和经验法则来判断，以便在思考的时候偷懒，心理学把这个机制称为"图示"。**

重塑，就是把需要包装的产品，用特定的图式连接起来，以便得到对我们有利的解释。

举个例子，如果一个冰激凌装在桶里，你就会感觉是按斤卖的，绝对不会太贵。相反，如果冰激凌装在小而高档的容器里，在商场里出售，你会把它等同于"高档"，愿意付出更高的价格。

再举个我们身边很多人都知道的例子，**洗衣粉、洗衣液、洗衣凝珠**。

我们父母那一辈用的是洗衣粉；后来，广告告诉我们说用洗衣液会洗得更干净；最近几年，一些在公众号里投放广告的创业者会告诉你，洗衣凝珠要比洗衣液清洁效果更好。

洗衣凝珠的效果会不会比洗衣液的更好？不知道，但我知道，管它叫洗衣凝珠，一定可以卖得比洗衣液更贵。

因为用一个新的品类建立和老的产品的区分度，就是一种心智上的重塑行为。

• • •

策略2：提供意义。

人们都喜欢投身于有意义的事。尼采说过："一个人知道自己为什么而活，就可以忍受任何一种生活。"有本畅销书叫《每周工作4小时》，它本质上就是在向很多人销售一种相对自由的工作和生活方式。

很多公益类的活动，比如对抗乳腺癌的活动会要求参与者别一个粉色的丝带，以这种形式来表达你对于对抗乳腺癌活动的支持。大家都愿意参与这件事情，因为它会给你提供一个积极的社会形象。

这给我们的启发就是你要有一个足够宏大的愿景，让客户意识到他在参与一件特别有价值的事情，和你之间不仅仅是交易的关系。

对于我自己而言，我希望能培养100个未来的行业大佬，能够帮100万名高管提升他们的演讲和个人影响力，以及5年之内，在深圳湾体育场办一场万人的演讲大会。

对于"批量成交研习社"和"贺嘉演讲私房课"的学员而言，他们会意识到链接我，是在让自己离未来的那个10000人舞台更近一些。

· · · · ·

策略3：归属感。

有个很有意思的心理学效应叫作"宜家效应"。也就是说，如果你的客户参与了作品的制作过程，他会更喜欢这件作品。

一般来说，大家卖的产品都是已经完成的产品，可以直接使用，但是宜家不一样，宜家提供的家具是让你自己组装的。

你自己的这些劳动，会提升这些家具在你内心的心理价值。就像《小王子》里面，狐狸对小王子说的，"正是你为你的玫瑰所花的时间，才让它变得如此重要"。

这个策略对于我们的启发就是，我们可以把自己的产品升级为社群。鼓励客户花时间在社群里做出贡献，这样自然会提升他们对于社群本身的归属感。

· · · · ·

策略4：榜样的力量。

我们可以通过举一些优秀的客户案例，来激发潜在客户的模仿行

为。当客户开始自己进行积极的联想时，成交就会变得容易很多。因为这个时候不再是我们去说服客户，而是客户自己说服自己。

之前苹果公司有一个宣传片，讲的是那些改变世界的"异类"，我作为苹果的客户看完之后，就认为自己也是他们其中之一。因为这些所谓疯狂的人都改变了世界。

$$\bullet \ \bullet \ \bullet \ \bullet \ \bullet \ \bullet$$

策略5：化繁为简。

这个策略的特点是，提供默认选项。

分享一个特别反常识的故事。有一个做青少年祛痘霜的品牌，做了一次特别有意思的营销。他们把网络上所有年轻人挤痘痘的内容拍了一个合集，目标是分发10000份祛痘膏的样品，实验的结果很成功。

我们大脑中的系统是很懒惰的，总是避免花精力和脑力。化繁为简的重点就是创造一个不一样的环境，让事情变得简单。

当我们看到问题的时候，就想要去解决。有的时候让你的客户直面自身的问题，就会激发客户想要解决这个问题的动机。

举个简单例子，我有一个学员是卖面膜的，一年能卖上亿元。他们营销效果最好的一页PPT，就是给客户看一张因为用错面膜而烂掉的脸。

• • • • • • • •

策略6：敢于承诺。

很多时候客户之所以不做出行动，是因为他们害怕风险。

推销员经常用的一个小策略，就是先占用你的时间跟你聊上一个小时。聊了一个小时之后，他会请求你去他的门店看一看。在你和他一起去门店看一看之后，他会鼓励你交个定金，再之后你离成交就不远了。

这些销售人员在用的其实就是"登门槛效应"，**当你答应了别人一个小的请求之后，出于承诺一致的考虑，你更容易做出一个大的承诺。**

其实这个策略不光销售人员在用，房地产商也没少用。他们让你先交定金，交个几十万或上百万元的定金，本质上也是为了避免你日后产生反悔的行为。

那么，对于我们而言，这个策略启发意义在哪儿呢？**我们可以先销售一个观念，当客户接受了你的观念之后，再销售你的产品。**整个销售的过程就会变得更容易。

行为改变态度，远比态度改变行为来得快。

让潜在客户不再犹豫，如何构建成交场域？

•

2019年秋天的一个周末，我开了两天的线下课。在成交的实战环节，我看到一个特别有意思的成交过程：一个学员跟潜在客户聊了30分钟，想卖一个980元的形象穿搭的服务，结果硬是没有成交。

其实她明明是有两种以上的成交策略能马上成交的。

第一，资源置换。换句话说，就是你提供的服务价值980元，我愿意付费；而我提供的服务价值也是980元，你也愿意付费。

第二，打感情牌。她的潜在客户明明对她这个人更感兴趣。

而且980元不是一个很大的金额，这种情况下，你直接跟客户讲一句"980元就当交个朋友"，这件事就成了。

成交时你需要处理好两件特别矛盾的事：一是要让客户对你产生信

任，二是要让客户想要付钱。

太想成交客户，客户就会想离开你。成交态度太佛系，你的收入又会受很大影响。

· ·

成交场域=精准客户+专业信任+情感链接

我经常会拒绝客户，因为他不是我的目标客户。这类客户基础比较薄弱，收他的钱可能会增加我的服务成本。另外，如果无法实现一定的交付，反过来可能产生负面口碑，影响我收入的持续性。

精准客户的重要性，在引流方面也是一样的。很多时候，100个不精准的客户带来的收入是零，还不如一个精准客户给你带来的一个转介绍。

成交的过程中，你一定要问自己合适的客户是怎样的，而且要主动描绘你的客户画像，要让客户主动来问"我合适吗？"。

比如，我们的"批量成交研习社"主要针对4群客户：

1.传统做线下生意的创业者，想要转型线上进行引流的客户；

2.做线上引流，但缺少线上引流成交体系的人；

3.有强烈的打造个人品牌的需求的个人（比如，律师、咨询顾问、讲师、销售和微商）；

4.想要提升自己批量成交能力的人。

客户也知道你是专业的，不是什么客户都会服务。他反而会对你的产品和服务更感兴趣，因为"得不到的才是更好的"。反过来看，这样会让你拥有成交的主动权。

● ● ●

构建专业信任最好的方法不只是背书，还有分享客户改变的故事。

很多人在成交环节里面很容易陷入机械罗列自己的很多权威背书的困境，比如说我有ACE健身教练证书、二级营养师证书。这些证书重要吗？不太重要。

证书是你专业能力的一种体现，但是客户心里会有一个很强烈的疑问：你的这些证书跟我有什么关系？**客户真正关心的是你能不能解决他的问题？你有没有解决过跟他类似情况的客户问题，效果怎么样？**

分享客户改变的故事方面，提供一个参考句式："我有一个客户，他的情况跟你很像……"

举个例子，我的一个学员是We&Me形象美学的创始人Cici，她最早基本上不知道如何做线上的引流，还被人骗了1万多元，特别郁闷。

后来在我的指导之下，她掌握了分享引流的方法。她通过一次线上分享引流2000多人，后续陆续变现30万元，还有不少是可以后续转化成更高单价的客户。她的很多客户特别羡慕她的影响力，纷纷问她是如何做的。

●●●●

情感链接方面，也是成交场域里很重要的部分。

我之前跟一个公司年营业额超过10亿元的CEO客户，交流过每个人的性格特点。他说："我的战略思考能力特别强，但是不太擅长跟人建立情感链接。"这个时候我说"我也是"，我们就建立了情感链接。

其实，我发现，很多男性管理者往往在战略和管理上是更擅长的，但是在建立和人的情感链接上会偏弱一些。

从心理学上来说，恰当的"自我袒露"，有助于拉近彼此的距离。

建立情感链接有一个很重要的句式："我不擅长……"

1.不擅长情感链接；

2.赚钱的欲望有一搭没一搭；

3.只想跟同频的人交流；

4.对于数字和金钱不敏感，买菜不看价钱……

我发现，工作了5—10年的人，大部分的问题在于赚钱的欲望有一搭没一搭的，制约了他们的收入增长。

对于很多女性创业者而言，她们在创业的时候会存在一个很明显的问题，就是只想和同频的人交流，这就影响到了客户基数和收入增长。

我们越是了解客户，越是关心客户，就越容易建立和客户的情感链接。和客户的情感链接越深，成交就越容易，你也会越容易得到更多的转介绍。

小结

　　成交的领域有一部分深层逻辑，我们可以通过行为科学来把它量化，实现可复制的结果。但成交领域同样有一部分是不可量化的，它涉及人和人之间的情感链接。

　　成交场域是一个很微妙的平衡，一半是解决问题的能力，一半是情感链接。

什么样的人适合做销售？

●

　　销售是一个门槛相对较低、淘汰率相对较高的行业。即便是从6万人当中筛选出5000人，一年之后，离职率都有可能高达50%，甚至更多。

　　淘汰率这么高其实特别好理解，因为在销售这个行业里，很多人会一天接受3—4次拒绝。即便是最优秀的销售，也不一定能够从这样被拒绝的状态当中走出来。一旦负面的情绪越来越多，他们就会陷入自我怀疑，甚至是抑郁当中。

　　在销售这件事情上，乐观比能力更重要。

　　积极心理学的创始人马丁赛·利格曼，在他的著作《活出最乐观的自己》中，分享了一个他为大都会保险公司做的销售人员筛选的实验，目的是区分哪些人更适合从事保险行业的销售。

他们只用"乐观"这个指标作为筛选条件，找到了129位职业背景各异，但是没有任何一家公司会雇用的候选人。这群人有一个共同的特点就是特别乐观。

实验结果发现，按照"乐观"这个指标招进来的人，他们在第一年的销售业绩，比悲观的人就高出了27%，到第二年的时候，他们的销售业绩高出了57%。

书中还讲了一个具体的例子，有一个金牌销售名叫德尔，以前在屠宰场工作了26年，后来由于供需发生了变化，屠宰场的生意越来越差，他被迫转型成了一名销售。

他的前半生从来没有卖过任何东西，但他有个特点就是特别乐观。他在卖保险的第一年收入就比在屠宰场的时候高了50%，第二年的收入翻了一番，而且他很热爱这份工作的自由度。

很多时候大家觉得能力强会比较重要，但实验结果会发现，其实乐观比能力强更重要。因为很多时候在做成一件事的过程中，一定会遇到各种各样乱七八糟的挫折，你需要通过乐观的心态去提高你的动机，乐观带来坚持，坚持带来成功。

$\bullet$ $\bullet$

一个好的销售，形象和学历也是加分项。

对于销售这个岗位而言，颜值重要吗？学历重要吗？

之前我看过一个很有意思的说法，是判断哪个行业赚不赚钱，就看这个行业里面有没有比较多的美女。我们大概会觉得颜值高是一种比较优势，会带来更好的谈判条件。但这是一种主观的判断，缺少科学依据。

于是我去查了查，还真找到了科学依据——颜值和收入正相关。

经济学家丹尼尔·哈默梅什和杰夫·比德尔的研究表明，一个容貌低于平均值的人每小时少赚9%的薪水，而容貌高于平均值的人每小时则多进账5%。把相差的这14%放大到一生，则可能让他们之间的收入差距达到23万美元（150万元人民币）之多。

还有一些人认为销售这个行业只适合那些学历比较低的人，这点我是不认同的。这是大众对销售行业的一种刻板印象。

基于我的观察，IT互联网领域的销售，其实对于销售人员要求很高，比如，要懂技术、懂业务，而且更要懂人性，才能够做一个很好的技术型的销售。

我之前在腾讯云的时候认识一个销售，一个人能够做到营收8000万元，大概是10个普通销售的业绩。其实，他以前就是一个程序员。他业绩好的核心原因就在于，他比一般的销售更懂技术，更能够和对方的技术高管去沟通具体的架构和方案，对方会更信任他。

再比如，很多人对保险行业的销售有偏见，认为只要是个人就能去卖保险。但其实基于我对香港保险行业的了解，我发现从业者里，名校毕业的人或者有着律师、跨国金融机构背景的人越来越多了。

你的客户层次越高，对于销售人员的基本能力和沟通演讲这些软实力的要求也就会越高。

一个人的学历不等同于能力，但它是一个人学术能力的部分体现。

● ● ●

一个金牌销售，需要和金钱有良好的关系。

由于中国传统文化和家庭教育，很多人是不太愿意谈钱的。我们很容易把金钱和"铜臭""拜金主义"这些消极负面的词建立关联。

我自己从小受到的教育是好好学习，好好工作。我的父母都是医生，其实他们对于金钱的理解也会相对比较局限。

但是，货币是一种价值的尺度，也是流通的手段。对于金钱，我慢慢开始有了跟很多人不一样的理解。

在我看来，金钱代表的是一种认可。你花钱去购买别人的产品代表你认可他人的能力；你能够让别人为你付钱，代表你有获得他人认可的能力。

再举个例子，当你年收入只有10万元的时候，你可以为公益捐出去5000元，而不会影响到你的生活。当你年收入有100万元的时候，你可以捐20万元出去，也不会影响到你的生活。

更高的收入，意味着你帮助他人的能力更强。

很多销售只想着成交客户，把客户的钱赚到自己的口袋里，这个观念肯定是很有问题的。**更好的心态应该是，给客户提供价值，顺带收点钱。**

做一个优秀的销售，很多时候你需要支持你的客户，购买你客户的

产品，成为他们的客户。

我听说过国内有一个做户外广告的行业大佬，他会夸张到什么程度呢？如果他看到他所服务的客户的货架货品乱了，他会站在那里把商品摆放好。

被你的客户成交，替他转介绍，支持他们，也能帮助你和你的客户建立起一个互惠的关系。

金钱的背后是价值，你能够给别人提供价值，就不要担心没有收入。金钱的背后也是认可，你能够获得他们的认可，就不用担心你没有未来。

如何做好一场增员演讲？

　　不管是销售、微商，还是保险代理人，都面临着拓展团队的问题。卖货很重要，成交很重要，但是招人也同样重要。

　　怎样做好一次增员演讲，也就是招人演讲呢？

　　对于销售团队来说，传统的想法是，销售人数越多，业绩越好。其实不是这样的。现在优秀的销售团队会更注重销售的素质实力，而不只是人数。

　　招人这件事，其实也是一种成交。招人的本质是什么？是把这个岗位卖给候选人。

　　我之前在腾讯工作，团队需要招人的时候，就明显地感觉到：国内最好的毕业生最想去的公司是腾讯吗？不是的。很多人更想去Google、Facebook这些公司。对于腾讯这样的大公司HR来说，招人一样很难。

　　所以，把岗位卖给候选人是一件很重要的事。你在团队增员的时候，有没有有意识地把岗位的卖点讲出来呢？这是增员过程中最核心的部分。

1.卖趋势（Why）：为什么要选择这个行业？

2.卖初心（What）：你选择这份职业的初心是什么？

3.卖机会（How）：怎样抓住这个机会实现个人目标？

举个例子：

我的团队在招人的时候，我可能会这么说：现在线上转线下是一个趋势。（Why）

我的初心是我的团队成员三五年内在深圳买得起一套房。（What）

你之前在线下，可能一年也能有100万元的收入。你现在到我的团队里负责线上成交体系，在我的帮助下，通过努力，也能做到半年收入百万。（How）

在你的行业里，有哪些有利的趋势呢？至少列出1—2个趋势。

分享一个很好用的客户定位，帮你找到增员对象的来源：**过去的自己。**

我过去在国企工作了8年，在腾讯工作了2年。对我来说，我很清楚在国企里相对恒定的感觉，也很清楚在腾讯这样的大公司里，个人是很难得到那么多资源的。我因为了解过去的自己，所以就了解和我过去相似的客户，比如在国企工作的人是什么心理，在BAT工作的人在担心什么……

你可以想一想，过去的自己有哪些"身份"？在做增员演讲的时候，你可以想一想，你的受众是哪些人？能不能写下3类过去的自己代表的人群？

比如，微商增员时的受众可能是全职妈妈，或者有稳定主业的人。保险代理人增员时的受众可能是名校毕业生、精算师或者喜欢接触不同客户的人。再比如，我过去代表的是国企员工、程序员、BAT类大型互联网公司从业者。

写下来之后，你就会发现，你想要增员的对象群体，比你想象中的要大。"如果有机会坐上火箭，就不要在意坐哪个位置。"这里最核心的点，是如何展示你的行业和公司像火箭一样。

在招人的时候，第一，你要展示你（公司或者职位）的增长速度；第二，用优秀的人才吸引优秀的人才。比如："疫情对我们的影响是，我们单月收入增长了500%。别人觉得我们公司和行业相比增长很快。"

腾讯在招标做雇主品牌的时候，就会展示自己的人才有多优秀。比如，一个工作6年的本科生，他是怎样一路过关斩将，升到总监的位置的。

本质上就是说，你能给他机会和舞台。尤其是在招AI、金融行业的人才时，更要说明带头的是谁，来展示自己的人才。

你可以用这样的公式来讲：你的故事+趋势+行业+窗口期。

讲故事的时候，你可以讲自己的改变，也可以讲客户的改变。我们之前说过：吸引客户的最好方式，是展示客户的改变；**吸引员工的最好方式，是展示员工的改变。**

你可以用"英雄之旅"的套路：之前多惨+现在多爽+你也可以。

如果你觉得自己以前不惨，钱也挺多的，你可以说自己以前起点低，不擅长做这件事，或者找不到目标的迷茫。

讲趋势的时候，可以用对比的方法：我们增长速度是××，行业平均增长速度是××……（讲行业的时候，可以先讲误解，再澄清：很多人以为××，其实××。）

什么是窗口期？

窗口期就是说出为什么这1—2年是加入的最好时机，而不是三五年以后。讲窗口期的核心点是：给对方一个马上加入的理由。有一个很形象化的俗语：早来的有肉吃，晚来的只能喝汤。

举个例子：新媒体现在是不是感觉有点难做？其实，在我看来，它现在和2009年的房地产差不多，还有10年以上的成长空间。

在2014年写文章可以闭着眼涨粉的时候，我写了3年才涨了4000多个粉丝。后来我到了深圳，找到了做自媒体很厉害的这群人，在他们的指点下，我很快就涨了10000个粉丝。你发现了吗，其实新媒体还是可以做得起来的，最难的点是找到规律和套路。

我之前有个学员，是行业内很有名的做社群运营培训的。她说过，一个好的运营，不应该像客服一样主动找客户聊天，而是让客户很想和你聊天。

招人也是这样，不要制造你求着他来的感觉，而是要让客户或者候选人反过来问："我合适吗？"

我们要让优秀的人觉得，市面上没有老板比我更懂你，比我更关心你的成长和个人利益。

真正优秀的人，都渴望什么激励？

•

我的一个私教学员，她是创业做服装的。上课时，她跟我请教了一个问题，就是她感觉自己的团队没有战斗力，想了解如何有效地激励团队成员，来帮她出业绩。

我给她分享了12字激励口诀：赚钱不少，赚钱不难，你只要做。

赚钱不少，讲的是你去给渠道的合作伙伴算一笔账。假设你跟我合作，能给我带来10个企业客户，你今年至少可以多赚50万元，而且前提是你知道这50万元对于一个渠道而言不算少了，你就会重视起来。

赚钱不少的重点，是激发对方去做这件事情的动机。

赚钱不难，讲的是你需要对方做的事情并不是特别难。

比如，只需要对方组个局，把这些潜在客户介绍给你，或者直接给你们拉个微信群谈合作。也正是因为赚钱不难，对方去做这件事的意愿也就会越高。

你只要做，就是把希望对方配合的1、2、3件事列出来，让对方可以马上采取行动。

比如，把他手头的存量客户按照客户的规模分为A、B、C三类，跟你一起过一遍，看看哪些客户可以在最近一个月对接给你。

当对方的动机有了，而且也意识到这件事不难，他自然就愿意去做，做了就会有结果。

· ·

前两天我从另一个服装创业的学员那里了解到她是怎么激励团队中特别优秀的销售的。

她的团队里有一个特别优秀的销售。这个人不是特别在乎钱，而是很在乎挑战别人能够获胜的感觉，并且只与那些她看得上的人比较。

比如，一件毛衣，别人卖了3000件，她就想要挑战一下5000件。然后她自己就会想办法去实现卖出5000件的目标。

针对不同类型的员工，需要不同方式的激励。对领导型的人激发好胜心，给自由度；对社交型的人给舞台、给认可；对思考型的人给出具体的方向；对支持型的人关心他的需求。

関注事 (关注事)

```
                          关注事
                           ↑
                           |
  C思考型：方向不变          |    D领导型：追结果、给授权
                           |
                           |
做事慢 ─────────────────────┼──────────────────────→ 做事快
                           |
                           |
  S支持型：关心他的需求       |    I 社交型：给认可、给舞台
                           |
                           ↓
                          关注人
```

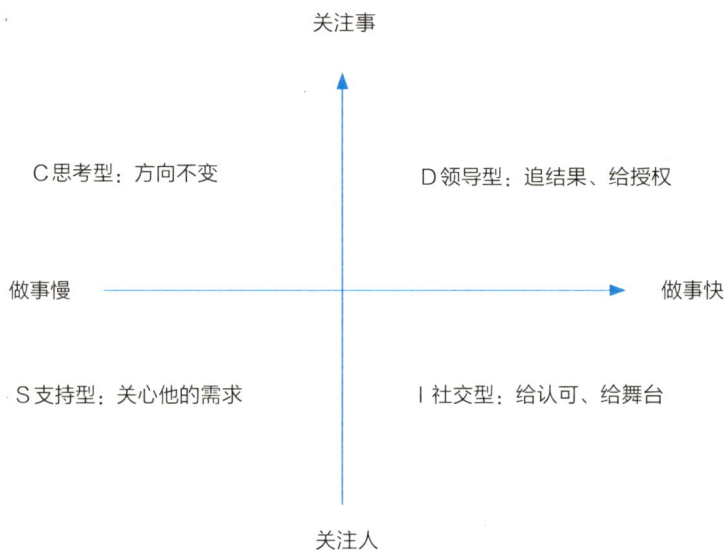

　　像我们团队里新来的一个女生，她是典型的社交型的人，很擅长和人建立情感链接，每个和她打过交道的学员都说她特别有亲和力。她主动和我提要求，想要更多舞台，有机会被看见。当她的社交需求得到了满足后，她的创造力自然而然也就更容易被发挥出来。

　　我们团队还有一个特别擅长思考，想事情特别仔细的男生。他其实希望一般情况下你不要找他，他也不会找你，只要让他能够安静地完成手头上的工作就好。我和他沟通过，他希望团队有一个长期的稳定的战略，不要总是换方向。

　　团队里也有支持型的人，他们很能理解和支持别人，很愿意给别人提供帮助。但他们往往不擅长表达自己的内在需要，所以他们自己的需

要很容易被忽视。如果你能够给他们一定的额外的关心，他们会特别认可你。

• • •

不要一天到晚跟员工聊正事，也需要关心一下他们的生活和成长。

为什么说激励员工还不光是给钱的事呢？因为很多时候员工没有战斗力，不完全是因为钱没有给到位，也有可能是他不认可你的目标和方向。

还有一种很常见的可能性，是他被自己的一些个人事务羁绊住了。比如，家里人生病，和恋爱对象分手，或者经济状况出现了问题，缺钱等。

如果一个老板一天到晚跟员工谈正事，只谈目标、收入、考核，员工跟你的距离感比较大，你就无法了解他真实的想法。

相反，如果你时不时与员工有一些非正式的沟通，聊聊生活，聊聊自己的兴趣爱好，或者聊聊其他的一些东西，你会更了解这个人。

比如，我和团队的一个成员沟通过，为什么有的时候她会显得特别急躁。后面聊了一下才知道，原来她需要安全感。她希望能够买到自己的房子，但是她发现自己成长的速度不够快的时候，就感觉特别焦虑，想去赚快钱，对于手头的事情就会缺乏耐心。

只有你真正地了解了一个人期待什么和恐惧什么，你才更有机会去收服人心。**这也是为什么好老板不是只谈正事。**

销售思维的4个层次

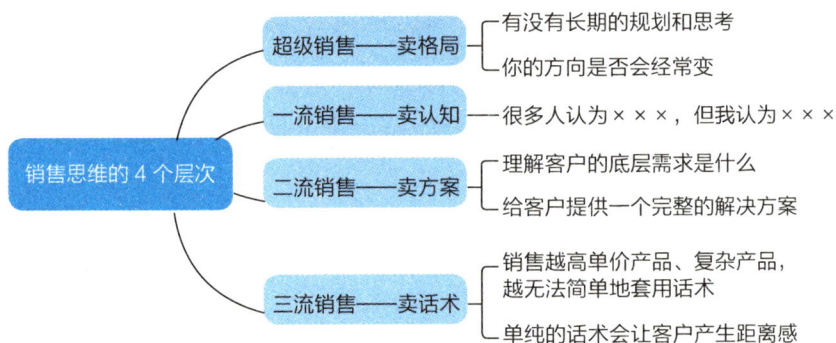

```
                              超级销售——卖格局 ┬ 有没有长期的规划和思考
                                             └ 你的方向是否会经常变

                              一流销售——卖认知 ── 很多人认为×××，但我认为×××

销售思维的 4 个层次
                              二流销售——卖方案 ┬ 理解客户的底层需求是什么
                                             └ 给客户提供一个完整的解决方案

                              三流销售——卖话术 ┬ 销售越高单价产品、复杂产品，
                                             │ 越无法简单地套用话术
                                             └ 单纯的话术会让客户产生距离感
```

●

　　我发现一个很有意思的现象，就是市面上大多数做销售培训的其实会教你很多关于销售的话术。

但在成交这件事上，话术真的是最重要的吗？不是。

只教你话术，看起来是最容易出结果的。因为话术是一个个的模板，客户可以直接拿来套用。

举个常见的例子，客户说"考虑一下"，怎么办？**这是销售思维的第一个层次，卖话术。**

但是，越是高单价、复杂产品的销售，越无法简单地套用话术，因为里面涉及很多环节，客户考虑的点是比较多的。而且作为一个销售，如果你一天到晚用的是各种各样的话术，客户会觉得你套路很多，反而会跟你保持距离。

这个时候，一种比较好用的方法叫作解决方案式的销售。一方面强调的是给客户提供一揽子的解决方案，替客户省事；另一方面强调的是洞察客户的底层需求是什么，而不是简单地卖产品。

举个例子：假设客户家里要装空调，他买的不是你的电钻，而是墙上的洞。

这个就是销售思维的第二个层次，卖方案。

解决方案式的销售里最重要的是，你要能够理解客户的深层需求是什么，给客户提供一个完整的解决方案。

我们就以学习线上成交这件事为例：表面看起来，大家想要学的是线上成交的方法；但就我对于客户的洞察，其实大家希望在线上成交这个方面出结果，也就是赚到钱。

相应地，如果我设计一个线上成交的训练营，首先考虑的就是实战和反馈，让客户真正赚到钱。其次就是心态。他和金钱的关系怎么样？他赚钱的动机是否足够强烈？最后才是给他方法，教他把产品卖出去的方法和话术。

三流销售，卖话术；二流销售，卖方案；一流销售，卖认知；超级销售，卖格局。

• •

销售思维的第三个层次是卖认知。

我自己有过这样的经历，就是跟朋友聊天，聊着聊着就想给人家打钱，为什么呢？因为我真的觉得跟他聊天有收获，值这个价。

当然，这是销售的一个很高的水平，通过认知层面给别人启发，让别人产生想要给你付费，帮他解决问题的冲动。

提供一个句式：很多人认为×××，但是，我认为×××。

举个例子，我之前在成交一个私教学员的时候跟她讲了一段话，她说是这段话让她决定下单的。

"我发现，很多女性管理者都面临很大的一个问题就是对战略思考不够。但我认为，女性创业者一方面要发挥自己擅长情感链接的优势，另一方面需要有一个合适的顾问来帮助她梳理战略。如果你希望提升你的认知水平，最好的方式就是不断地去行业一线，向那些有实战经验的人请教。"

团队运营负责人"牧羊人",以前是做农业的。他们当时去了一个产品的原产地,首先做的一件事就是找60岁以上的农民,给人家买点东西,请教一下,做这个产业有什么坑,如何保障收获。

其实,我教你的这个句式并不重要,真正难的是你要对行业有洞察,能够往里面填有价值的东西。

•••

很多人口头上喊着要利他,但是连个红包都不发,线下一起吃饭的时候从来不买单,你说这种人真的能利他、真的有格局吗?

之前有一个朋友跟我分享了一个很有意思的观点,就是在自己事业的初期,别人凭什么要跟你合作。很简单,你要给他比别人更好的条件,让对方能够赚到钱。你能够让对方赚到钱,哪怕你现在资源不是很好,别人也很愿意帮你。

这就是销售的第四个层次,卖格局。

一个人有没有格局,不光看他怎么说,还看他怎么做,再有就是**看他有没有长期的规划和思考,方向是否会经常变。**

很多人虽然能赚到钱,但是你会发现他们特别迷茫,原因很简单,因为他也不知道自己的这个生意能做几年。

之前有一个年入千万元的自媒体朋友,曾经开玩笑地跟我说:"贺嘉,我感觉你赚的没我多,但你为什么不焦虑呢?"

一般来说，有三种最常见的战略：第一种是拼规模，把传统的规模战略做大；第二种是拼速度，研发产品的速度比别人快；第三种是拼愿景，通过构建未来的前景来实现目标。

　　当然还有一类人，他根本没有战略，就是什么赚钱做什么，捞完一票就走。

　　我现在的选择就是用我的愿景吸引合作伙伴，培养100个未来的行业大佬，让他们变得更有影响力，来实现我未来商学院的目标。也正是因为有着长期明确的战略，短期之内碰到的任何挫折和困难，对我而言都是小事，不足以让我感到气馁和想要放弃。

　　所谓的战略自信，就是相信自己的道路选择是对的。

圈层经营：如何吸引1000多个铁杆客户？

●

　　为什么企业家喜欢读商学院？因为企业家去读商学院或者加入某个圈子，也是为了证明自己被圈子所认可。

　　就读商学院对于创业者有三个价值：第一，提供信息；第二，强化身份价值；第三，降低交易成本。

　　提供信息：一个拥有广泛社会网络的企业家，将被视作社会信任的证明，某些信任反映了一个人的社会资本摄取资源的能力。

　　从学术角度来讲，在通常不完善的市场条件下，处于某种战略地位、等级位置中的社会关系，可以为企业家提供其他方式不易获得的关于机会和选择的有用信息。

　　强化身份价值：这些关系也会提醒未被意识到的个人的可用性和

利益。

降低交易成本：有一些优秀的学员会变成我的员工。

有一本书叫《社会资本》，说的就是企业家经营社会资本，本质上就是为了这几件事：搞钱融资，链接政府，招揽人才，搞定企业经营的问题。

那么，我们应该选择参与哪些圈子呢？

●●

好的圈子，一定是有门槛的。

有一句俗语是说，要想过得开心，你至少需要以下几种朋友：一个律师、一个警察、一个医生、一个流氓。还有一句话：如果你是一个女生，你还需要一个能帮你修电脑的备胎……

这反映的是一种社会观念——每个人都需要有一些社会关系。

我们怎样去衡量一些圈子呢？一方面，它是有门槛的。比如，付费门槛。像长江商学院的CEO班付费好像是60万—70万元，再往上还有130万元的EMBA。

当然，还有一些审核门槛，比如，你必须是上市公司的董事长。

邀请门槛也是一种门槛。前段时间我加入了一个研究视频号的群，发起人是"十点读书"的CEO林少，他是年营收10亿元以上的新媒体公司创始人。新媒体行业能做到10亿元以上是相当厉害了。

此外，还有资格门槛。我自己会在北上广深做自媒体聚会，资格门槛是在主流平台上粉丝量至少1万人或者至少5万人。在聚会上，大家会分享自己关于新媒体最近的观察和发现。我的直观感受就是，好的圈子一定是有门槛的。

在圈层经营上，我总结了12字口诀：边缘参与，主动链接，成为节点。

先说说边缘参与。

我之前和国内的保险经纪人沟通，听到了一个很有意思的公式：

年入百万=5个圈子+10个转介绍+200个名单

你听过这个公式吗？你做过吗？有了圈子可以给你带来源源不断的客户。如果我来列这个公式，我可能会把"线上输出"加进去。

这个公式反映的是一种思维。你要想获得不错的收入，真的需要源源不断的客户吗？对于保险行业的销售来说，一年有50个家庭的客户，收入已经不错了。

有哪些常见的不错的高端圈层呢？

第一，知名商学院；

第二，有一定门槛的企业家协会；

第三，高端社区的业主群；

第四，车友群、投资群、留学群等；

第五，客单价5000元以上的高端课程学习社群。

······

　　当然，判断一个人有没有影响力，并不只是看一个人加入了多少个圈子，还要看你链接了多少不同的圈子。这本身也会成为你能力的一部分。这是第二点，主动链接。

　　比如，企业家的圈子等，圈子本身质量很高，但是圈子与圈子之间并没有打通。如果你能把这些圈子链接起来，这是一项很出色的能力。

　　当你主动去链接他人，链接不同圈子的时候，你曝光的机会就会变多。

　　国内的社会学家是怎样定义社会资本的呢？边燕杰等人将企业社会资本界定为：企业通过纵向（政府）和横向联系（同行）以及各种社会关系摄取稀缺资源的能力。社会资本对企业的经营能力也具有直接的正面影响。

　　所以我们可以发现，弱关系是我们主动链接时很重要的点。

　　首先，我们需要有意识地去链接不同的圈子；其次，我们要主动寻求合作。

　　你可以思考一下，你如果去做一件很重要的事，有多少人愿意帮你。这就是你的社会资本。

　　我给大家列了一条路径。

　　首先，梳理个人价值：我有什么不同？我有什么特长？我有什么资源？

　　其次，基于自己的特长和资源，主动构建多元社交网络：有多少人认识我？我朋友的行业范围是什么？我朋友的收入范围是多少？这些都是你多元社交网络的体现。

最后，用行动来动员社会资本。这个时候要考虑的是：这件事靠谱吗？谁可以帮我？我可以拿什么换？

举个例子，"剽悍一只猫"写了本新书《一年顶十年》，还没开始卖就已经预售了10万本。

提供一个思考题：

你愿意为我做一件什么事，让我以后也愿意和你保持链接呢？

举个例子，之前有个教人做知识卡片的姑娘，她把我的第一本书《表达力》画成了知识卡片发在微博上，我的朋友看到之后转给了我，我们就链接上了，后来我也给她介绍了几个客户。

这件事的核心不是让大家为我做事，而是希望大家能明白，如果你想去影响一个人，首先考虑的是利他。你想让一个人帮你，你要先考虑自己能为对方做什么事。这也是影响力中的互惠原则。

除此之外，还要看你能在这个圈子里面调动多少资源。你越在关系网中心，你能调动的资源就越多。

● ● ● ●

最后，再讲讲圈层经营。

我自己就是一个圈层经营的受惠者。我从一个程序员转型到CEO的演讲教练，很大程度是和我经营的圈子有关系的，我把它变成了我的个人特色。

我经常说："演讲不是目的，影响力才是。"也就是说，我教大家演讲，最后是以影响他人为目的的。

怎样成为节点呢？

先设定一个吸引人的主题，然后找到10个以上的铁杆客户。

我做自媒体大V聚会的主题就是交流如何涨粉赚钱。

那时，我知乎的粉丝数量只有8000多人，我还没有找到10个铁杆客户，但我找到了两个大咖，一个人有5万粉丝，另一个人有10万粉丝。我找到他们后和他们谈，请他们吃饭，让他们和我成为联合发起人。每人推荐3个客户，我们就凑成了10来个人。一个月又一个月过去了，到第六个月的时候，我们一起发起了一个项目，做到了百万元营收。

你会发现，成为一个圈层的经营者是很有好处的。

在经营圈子的时候要设定规则。如果只是索取，没有人会来；如果只是付出，你自己也坚持不下去。所以做到索取+付出，这是核心的规则。能量流动了起来，在行业里就会很快建立起影响力。

你可以看一下，你现在处于哪一步，尽可能地往下走，越往下走你的影响力越大。

做成交，就是要做圈子。

附录
短视频引流SOP

核心是提高账号权重

账号权重：定位+人设+播放量，点赞率+完播率

点赞率：100次播放量有多少人点赞。反映了视频是否激发了用户的认可。

完播率：有多少人看完了你的短视频。在初期建议短视频内容短一些，以提高完播率。

涨粉基础：人设

在1—2个方面持续输出内容特别重要，不要经常换方向。

短视频最好有统一的封面+结尾金句。

例子：

有3000万粉丝的"七舅脑爷"的视频结构是：悬疑小短剧+情感话题。

涨粉核心：优质内容

看一个指标：每100次播放，有多少个点赞，算出点赞率。

这个数字指标直接决定了你是否会得到下一次流量推荐。

每100次播放有1个点赞，点赞率是1%，数据很一般；

每100次播放超过3个点赞，点赞率是3%，一定概率会火。

我的几个10多万点赞抖音视频，差不多是每100个用户播放有5个点赞，是5%点赞率。

比如：

——挑战常识

"卖保险的如何忽悠人的"获得了17万个点赞，涨粉10万。

——热门话题

我的一个高赞视频"为什么现在的90后都不愿意讨好领导"，其实来源于知乎热门话题。

——大众情绪共鸣：租房、加班、深漂

我之前拍的一个视频，"你见过凌晨4点的深圳吗？"，也有非常高的赞和评论，大家非常有共鸣。

DOU+投放

通过DOU+投放，你的内容能被更多人看到。

如果你的视频有了1000个赞，可以考虑投放100元DOU+看一下数据。

如果你的视频成为爆款，有1万多个赞，但是数据涨不上去，可以考虑投放1000元，让视频的点赞量和粉丝量继续突破一下。

核心是记录投放100元后有多少点赞、多少涨粉……

直播引流

抖音之前的定位是短视频平台，直播这块做得比快手弱一些。

所以最近在流量上对直播有一定的倾斜，关注你的人会有机会在第一屏看到你的直播。

KYC SOP

KYC是Know Your Customer的首字母缩写，讲的是"了解你的客户"。

我们越了解客户，后续的成交过程也会越容易。

了解客户信息一般包括以下内容：

1.公司名称

2.职位

3.团队人数

4.行业

5.用户类型

6.用户痛点

7.是否用过同行的服务，有什么不满意的地方

有些内容不适合直接问，比如对方公司的年度利润、个人收入，我们可以从行业和团队规模，大致推算出客户的营收水平。

以下是一些比较适合开场的交流话题：

个体创业者（微商、保险、律师）

——引流

——成交

——个人品牌

——圈层精英

中型以上企业主：

——领导力

——组织变革

——融资

企业中层：

——企业内的继续晋升

——业余时间投资一些副业

——出来创业

——转型投资人

成交复盘SOP

　　金牌销售和普通销售的区别在于，金牌销售清楚自己为什么成交，为什么丢单，能够通过大量的总结形成自己的方法论。所以能够不断复制自己的成功，年入百万元以上……

　　而普通销售既不知道自己为什么能成交，也不知道自己为什么不能成交，所以80%以上的时间无所事事，也赚不到钱。

　　我自己从程序员转型自媒体人，再到单月可以成交100万元以上，核心在于不断地刻意练习和多次复盘。

你的状态如何？

　　——有没有休息好？

　　——情绪是否饱满？

　　——是否了解客户？

用户是否精准？

　　——付费意愿

　　——付费能力

成交过程

　　——价值塑造

　　——情感链接

　　——释放疑问

　　——督促下单

追销环节

　　——整理追销名单

——不同性格客户，不同追销策略

——至少1—2次跟进

团队管理SOP

团队管理既要看结果，也要看过程。

每月制定一次目标，每周复习一遍。

团队管理的目标是让团队成员获得自驱力，一方面明确公司的目标，另一方面明确个人的目标。

结果=意愿×能力

如果产出有问题，我们先判断一下是团队成员的意愿有问题，还是能力有问题。

如果是能力有问题，可以安排看书，学习，一对一指导……当然要求对方进行输出分享也是一种很好的成长方式。

如果是意愿有问题，先要进行访谈，了解具体是由家庭、情感、工作等什么问题导致的。

附一张"访谈表"，如下：

2020年6月××同学绩效访谈表	
本月目标（结果）	10个演讲私房学员
本月成长目标（能力）	提升转介绍运营能力
实现目标路径	转介绍成交：4个 运营10个老用户，通过不少于2次沟通＋参与老学员的线下活动获得8个以上转介绍。 存量用户激活：成交5个私房课用户 线上输出引流：吸引20个潜在，成交2个
每周review一次目标完成情况（自评） 表现好的点： 可以更好的点：	例子： 好的点： 有成交的意愿 也开始主动地输出 可以更好的点： 一方面与用户打交道的过程中需要放松 另一方面在日常生活中提升自己影响他人的意愿
工作反馈（leader评价）	表现好的点：××× 可以更好的点：×××
本月目标完成情况	例子：本月实际完成×××个

13

《成交力》学长、学姐锦囊

选择战略客户的时候，价值观一定要一致，这样才能够同甘共苦，化解很多危机。我们会不定期放弃一些所谓的大客户：交易金额大但价值观不一致，因为这类客户的服务成本是非常高的。

价值观指导我们做出选择——要兼顾短期，但更重要的是追求长期效益的最大化。

我们做成的每一笔交易，都是在帮助客户解决问题。我们不是简单销售产品，而是提供客户所需要的价值，公司自然就会获得规模效益。

——茹蔚，几米物联CEO

一次合作的完成，必定是双方都得到了相应的利益点。但我对"成功的合作"的定义不仅是双方谈好各自的权益然后盖章，而是双方的目标一致。

如果双方的关注点仅仅是想从对方身上获得什么，彼此之间会产生拉扯感，即使合作也很难对自身产生良好且深远的影响。

在促成合作中，最佳的效果是将双方的利益和目标进行合并，甚至可以将某一方的利益结果直接和另一方挂钩，以此产生结果的"强联系"。如此的合作，才能说是成功的。

——付圣强，"ONE·一个"总经理

我的学员客户曾经在公开场合对我说过一句话，她说："你们的课程内容太真诚了，一点营销套路都没有，而真诚恰恰是最大的套路。"

我最大的成交心得是：和客户交心，交朋友，站在对方的角度思考如何帮他们解决问题且真的帮他们解决了问题，是我认为最重要的。

三流的成交靠忽悠，二流的成交靠技巧，一流的成交靠真诚。

从用户思维出发，真诚利他，当你处处为他人着想，成交不再是一个任务，而是一个自然的结果。

——Cici，We&Me女性成长创始人

感谢贺嘉老师，帮我克服了金钱的卡点。

我以前做企业服务时，也有不少个人来咨询，但不好意思谈钱。现在提升了自我效能感，也在"批量成交研习社"收费完成30位个人品牌一对一咨询，也收获了私教学员。

也正是从别人的付费和肯定中，我挖掘了新的方向，设计了个人品牌的产品服务。

——书乔，个人品牌增值顾问